Arbeitsheft für IT-Berufe

Vertiefende Aufgaben zu Datenbanken, Softwareentwicklung und Projektmanagement

VERLAG EUROPA-LEHRMITTEL • Nourney, Vollmer GmbH & Co. KG
Düsselberger Straße 23 • 42781 Haan-Gruiten

Europa-Nr.: 30234

Autor:

Dirk Hardy

Fachlektorat:

Klaus Horn

1. Auflage 2020
Druck   5   4   3   2   1

Alle Drucke der selben Auflage sind parallel einsetzbar, da sie bis auf die Korrektur von Druckfehlern gleich sind.

ISBN 978-3-7585-3023-4

© 2020 by Verlag Europa-Lehrmittel, Nourney, Vollmer GmbH & Co. KG, 42781 Haan-Gruiten
http://www.europa-lehrmittel.de

Umschlagfotos: © vectorfusionart – stock.adobe.com, © Marynchenko Oleksandr – shutterstock.com, © Bakhtiar Zein – shutterstock.com, © whiteMocca – stock.adobe.com
Umschlag: braunwerbeagentur, 42477 Radevormwald
Satz: Typework Layoutsatz & Grafik GmbH, 86167 Augsburg
Druck: Himmer GmbH, 86167 Augsburg

Vorbemerkung

Wissen um IT-Konzepte wird immer wichtiger

Im August 2020 tritt eine Neuordnung der IT-Berufe in Kraft. Der Fachinformatiker mit seinen zwei Fachrichtungen Anwendungsentwicklung und Systemintegration wird durch zwei weitere Fachrichtungen ergänzt. Diese Fachrichtungen konzentrieren sich auf die zukünftigen Herausforderungen im Bereich der digitalen Vernetzung sowie der Daten- und Prozessanalyse. Der IT-Systemelektroniker bleibt als Beruf erhalten und die kaufmännischen Berufe spezialisieren sich zu Kaufmann/Kauffrau für IT-Systemmanagement und Kaufmann/Kauffrau für Digitalisierungsmanagement.

Gute Kenntnisse im Bereich der IT-Konzepte und der IT-Sicherheit werden, nicht zuletzt auf Grund dieser Neuordnung für alle Auszubildenden in den IT-Berufen immer wichtiger.
Das *Arbeitsheft für IT-Berufe* bietet deshalb vertiefende Aufgaben zu wichtigen Konzepten aus den Bereichen Datenbanken, Softwareentwicklung und Projektmanagement. Es ist für alle IT-Ausbildungsberufe einsetzbar und dient sowohl der Vertiefung der erworbenen Kenntnisse als auch der gezielten Vorbereitung auf die IHK-Abschlussprüfungen.

Aufbau des Buches

Das Buch enthält Aufgaben zu den Themen Datenbanken, Softwareentwicklung und Projektmanagement, die am Anfang jeweils ein Szenario aus dem betrieblichen Alltag beschreiben. Dabei werden in der Regel übergeordnete Konzepte aus diesen Bereichen, aber auch Detailwissen zu wesentlichen Aspekten behandelt. Jeder Aufgabe ist ein Schwierigkeitsgrad zwischen 1 und 5 zugeordnet, um die Auswahl der für die Lerngruppe passenden Aufgaben zu erleichtern. Darüber hinaus ermöglicht diese Einstufung es auch, Schwerpunkte für die verschiedenen Berufe zu setzen.
Beispielsweise sind Aufgaben auf dem Level 4 oder 5 im Bereich der Softwareentwicklung eher für die Fachinformatiker Anwendungsentwicklung sinnvoll. Hingegen sind Aufgaben aus dem Bereich Projektmanagement für alle Berufe von Interesse.

Für Anregungen und Kritik zu diesem Buch sind wir Ihnen dankbar (gerne auch per E-Mail).

Der Autor   im Sommer 2020

Verlag Europa-Lehrmittel
E-Mail: lektorat@europa-lehrmittel.de

Inhaltsverzeichnis

Programmierkonzepte:

Belegsatz: Notationen zu den Konzepten/ Diagrammen und Syntax-Auszüge

Konzeption von Datenbanken:
Relationen

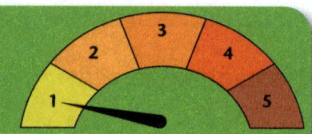

Ausgangsszenario:

Als Praktikant in der IT-Firma *ProConsult* sollen Sie an einem kleinen Handbuch zum Thema „relationale Datenbanken" mitwirken. Nach einem einführenden Kapitel zu den Grundlagen von Relationen (Tabellen) soll ein kleiner Test das Wissen festigen.

Aufgabenstellung:

Der kleine Test ist bereits entwickelt worden. Entwerfen Sie eine Musterlösung zu den Fragen.

Test zu Grundlagen von Relationen

ProConsult IT-Lösungen

Aufgabe 1: Überprüfen Sie den Text und korrigieren Sie fehlerhafte Aussagen.

Relationen bestehen aus Attributen (Zeilen) und Attributwerten. Die Domäne legt die Werte eines Attributs fest (beispielsweise nur Postleitzahlen). Das Relationenschema umfasst alle Attribute einer Relation (Tabelle). Ein Nullwert ist gleichbedeutend mit dem numerischen Wert null.

Aufgabe 2: Welche Aussagen sind korrekt?

☐ Der Primärschlüssel besteht immer nur aus einem Attribut

☐ Der Primärschlüssel besitzt die Minimaleigenschaft

☐ Fremdschlüssel dürfen keine Nullwerte enthalten

☐ Fremdschlüssel dürfen auch auf den Primärschlüssel derselben Tabelle verweisen

Aufgabe 3: Verbinden Sie gleichbedeutende Begriffe

Relation	Domäne
Wertebereich	Zeile
Tupel	Tabelle
Attribut	Spaltenname

Konzeption von Datenbanken:
ER-Modell

Ausgangsszenario:

Für die Entwicklung eines neuen Teilbereiches der relationalen Datenbank der IT-Firma *ProConsult* wurden von der Entwicklungsabteilung erste Überlegungen zu ER-Modellen angestellt und daraus Skizzen in Form von ER-Diagrammen angefertigt.

Aufgabenstellung:

Bei den Skizzen wurden nur die Entitäten und Verbindungslinien angegeben. Als Praktikant der Firma sollen Sie die Kardinalitäten und die Namen der Beziehungen ergänzen (in den dafür vorgesehenen Rauten eintragen), um die Skizzen zu vollständigen ER-Diagrammen zu machen.

Skizze 1 zur Erweiterung der relationalen DB

ProConsult IT-Lösungen

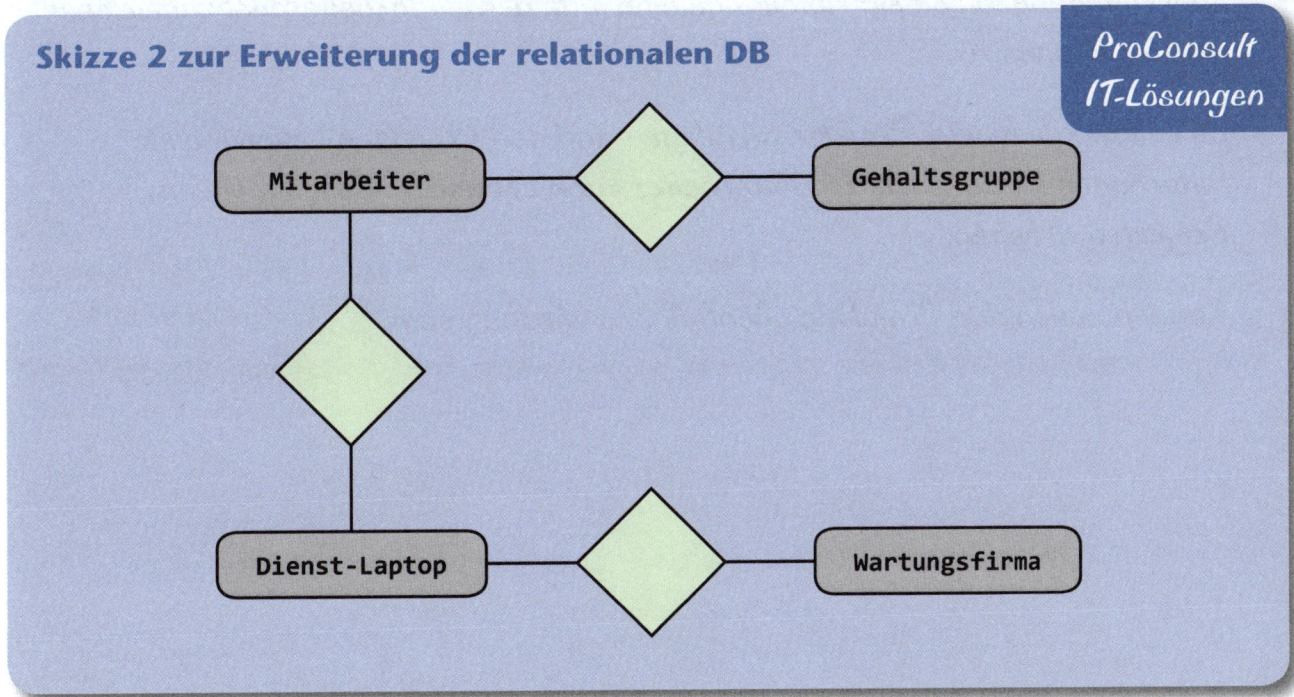

Skizze 2 zur Erweiterung der relationalen DB

ProConsult IT-Lösungen

Konzeption von Datenbanken: ER-Modell

Ausgangsszenario:

Nach einigen Umstrukturierungen der IT-Firma *ProConsult* müssen auch Teilbereiche der relationalen Datenbank neu entwickelt werden.

Aufgabenstellung:

Die Geschäftsleitung hat die neuen Teilbereiche in einem Meeting festgehalten. Als Praktikant der Firma sollen Sie ein erstes ER-Modell (inkl. Attributen) nach diesen Vorgaben entwickeln und in Form eines ER-Diagramms darstellen.

Protokoll der Sitzung zur Neuentwicklung von Teilen der relationalen Datenbank der Firma

ProConsult IT-Lösungen

Kurzbeschreibung der neuen Anforderungen:

Die Firma hat nach einer Umstrukturierung neue Abteilungen und Abteilungsleitungen gebildet. Bislang wurden nur Mitarbeiter in der Datenbank erfasst und keine Zuordnungen zu den Abteilungen. Weiterhin sollen Projekte in der Datenbank gespeichert werden.

Weitere Details:

- Die Informationen zu den Mitarbeitern sollen so erweitert werden, dass die entsprechende Abteilung zugeordnet werden kann.

- Den Abteilungen soll ein Abteilungsleiter aus dem Mitarbeiterpool zugewiesen werden können.

- Es soll möglich sein, Projekte anzulegen und den Projekten beliebig viele Mitarbeiter zuzuordnen. Ein Mitarbeiter kann ebenso an beliebig vielen Projekten arbeiten.

- Kunden sollen den Projekten ebenfalls zuzuordnen sein.

Ihre Lösung:

ProConsult
IT-Lösungen

Konzeption von Datenbanken:
ER-Modell

Ausgangsszenario:

Nach einigen Umstrukturierungen der IT-Firma *ProConsult* müssen weitere Teilbereiche der relationalen Datenbank neu entwickelt werden. Ein externer IT-Dienstleistungsanbieter hat einige Konzepte für die neuen Teilbereiche erstellt, unter anderem auch ein ER-Diagramm zu einem Teilbereich, der die Projekte und Ressourcen betrifft.

Aufgabenstellung:

Als Praktikant der Firma erhalten Sie den Auftrag, das folgende ER-Diagramm in Tabellen zu überführen. Beachten Sie dabei, dass die Darstellung mit der Martin-Notation erfolgte. Fügen Sie dann in den Tabellen jeweils zwei Musterdatensätze ein.

Vom Dienstleister erstelltes ER-Diagramm in Martin-Notation

ProConsult IT-Lösungen

Kategorie
- Kategorie_ID (PK)
- Bezeichnung

Kunde
- Kunden_ID (PK)
- Name
- Ort
- PLZ
- Telefon

Ressource
- Ressourcen_ID (PK)
- Bezeichnung
- Hersteller

Projekt
- Projekt_ID (PK)
- Bezeichnung
- Startdatum
- Enddatum

Mitarbeiter
- Mitarbeiter_ID (PK)
- Name
- Gehalt
- Einstellungsdatum

Ihre Lösung:

ProConsult
IT-Lösungen

Konzeption von Datenbanken: Normalisierung

Ausgangsszenario:

Als Praktikant in der IT-Firma *ProConsult* sollen Sie an einem Handbuch zum Thema „relationale Datenbanken" mitwirken. Nach einem einführenden Kapitel zu den Grundlagen der Normalisierung soll ein kleiner Test das Wissen festigen.

Aufgabenstellung:

Der kleine Test ist bereits entwickelt worden. Entwerfen Sie eine Musterlösung zu den Fragen.

Test zu Grundlagen der Normalisierung

ProConsult IT-Lösungen

Aufgabe 1: Überprüfen Sie den Text und korrigieren Sie fehlerhafte Aussagen.

Die Normalisierung ist eine Vorgehensweise, die ein relationales Datenschema in eine Normalform überführt, so dass Redundanzen und Anomalien nicht verhindert werden. Unter einer Anomalie versteht man ein Fehlverhalten der relationalen Datenbank, das zu Inkonsistenzen oder Transaktionen der Daten führen kann.

Aufgabe 2: Erklären Sie den Begriff „atomarer" Attributwert.

Test zu Grundlagen der Normalisierung

ProConsult
IT-Lösungen

Aufgabe 3: Wie ist die zweite Normalform definiert (eine Antwort ist korrekt)?

☐ Die erste Normalform ist gegeben und alle Schlüsselattribute sind untereinander voll funktional abhängig.

☐ Die erste Normalform ist gegeben und alle Schlüsselattribute sind voll funktional vom Primärschlüssel abhängig.

☐ Die erste Normalform ist gegeben und alle Schlüsselattribute sind voll funktional vom Fremdschlüssel abhängig.

☐ Die erste Normalform ist gegeben und alle Nichtschlüsselattribute sind voll funktional vom Primärschlüssel abhängig.

Aufgabe 4: Welche Anomalien gibt es (mehrere Antworten sind möglich)?

☐ Löschanomalie   ☐ Einfügeanomalie   ☐ Transaktionsanomalie

☐ Redundanzanomalie   ☐ Änderungsanomalie   ☐ Inkonsistenzanomalie

Aufgabe 5: Identifizieren Sie die Probleme der folgenden Tabelle. Ordnen Sie die Aussagen den entsprechenden Legenden zu.

– Die Attributwerte sind zusammengesetzt und nicht atomar.

– Die Attributwerte enthalten Wiederholungen.

– Der Primärschlüssel ist nicht eindeutig.

ID	Name	Anschrift	Artikel
1	Hansen	Lauterstr. 5, 40000 Düsseldorf	1, 7, 15
2	Maier	Königsallee 10, 50000 Köln	7, 23, 67, 80
1	Knudsen	Baumstr. 27a, 60000 Frankfurt	80, 15, 33, 12, 99

Konzeption von Datenbanken: Normalisierung

Ausgangsszenario:

Nach einigen Umstrukturierungen der IT-Firma *ProConsult* müssen auch Teilbereiche der relationalen Datenbank neu entwickelt werden. Einige Teilbereiche wurden bislang mithilfe von Excel-Tabellen verwaltet.

Aufgabenstellung:

Die interne Dokumentenverwaltung (Kundendokumentationen, Handbücher, etc.) wurde bislang zentral über eine große Tabelle organisiert. Als Auszubildender der Firma erhalten Sie den Auftrag, die Tabelle in die erste Normalform zu überführen und einen geeigneten Primärschlüssel festzulegen.

Dokumentenverwaltung

ProConsult IT-Lösungen

Art	Bezeichnung	Ersteller/Abteilung	Zeitpunkte: Erstellung/ Anschaffung/ Änderungen	Kunde
Interne Dokumentation	Softwareentwicklungsmodell kleine Projekte	Hansen/Desktop-Entwicklung	01.02.2017 15.06.2017 20.10.2018	intern
Kunden-dokumentation	Interface Version 2.12	Maier/Web-Entwicklung	15.03.2019	Immobilien Krause
Interne Dokumentation	Softwareentwicklungsmodell große Projekte	Knudsen/ Qualitätsanalyse	01.05.2015 15.08.2016 01.11.2018 01.04.2019	intern
Kunden-dokumentation	ERP-Modul Version 8.5	Hansen/Desktop-Entwicklung	01.06.2019	Autohaus Karger GmbH
Handbuch	Laptop Serie 2X	extern	01.01.2018	intern
Handbuch	Drucker Laser Serie MMX	extern	01.06.2018	intern
Interne Dokumentation	Softwareentwicklungsmodell große Projekte	Knudsen/ Qualitätsanalyse	15.08.2019	intern
:	:	:	:	:

Ihre Lösung:

ProConsult
IT-Lösungen

Konzeption von Datenbanken:
Normalisierung

Ausgangsszenario:

Nach einigen Umstrukturierungen der IT-Firma *ProConsult* müssen auch Teilbereiche der relationalen Datenbank neu entwickelt werden. Einige Teilbereiche wurden bislang mithilfe von Excel-Tabellen verwaltet.

Aufgabenstellung:

Die Lieferung von Verbrauchsartikeln wurde bislang vom Sekretariat in einer Excel-Liste erfasst. Ein Praktikant der Firma hat diese Tabelle bereits in die erste Normalform überführt. Als Auszubildender der Firma erhalten Sie nun den Auftrag, die Tabelle in die zweite Normalform zu überführen.

Dokumentenverwaltung

ProConsult IT-Lösungen

Artikel-bezeichnung	Artikel-nummer	Lieferant	Lieferdatum	Menge	Verantwort-licher	Abteilung
Toner X1	23727	EDV-Shop	10.10.2018	3	Hansen	Desktop-Entwicklung
Toner X1	23727	EDV-Shop	10.10.2018	1	Maier	Web-Entwicklung
Druckerpapier	91288	Papier GmbH	01.02.2019	10	Laufer	Personal
Toner X1	23727	EDV-Shop	15.07.2019	2	Maier	Web-Entwicklung
PC-Maus	63711	Computer komplett	22.10.2018	8	Maier	Web-Entwicklung
Presenter	8228	EDV-Shop	15.05.2019	3	Hansen	Desktop-Entwicklung
Toner X3	23729	EDV-Shop	01.10.2019	2	Laufer	Personal
Headsets	81188	Computer komplett	01.10.2018	4	Paulsen	Support

Ihre Lösung:

ProConsult
IT-Lösungen

Konzeption von Datenbanken:
Normalisierung

Ausgangsszenario:

Nach einigen Umstrukturierungen der IT-Firma *ProConsult* müssen auch Teilbereiche der relationalen Datenbank neu entwickelt werden. Einige Teilbereiche wurden bislang mithilfe von Excel-Tabellen verwaltet.

Aufgabenstellung:

Die Fachbibliothek der Abteilung Desktop-Entwicklung wurde von einem Mitarbeiter bislang freiwillig in einer Excel-Liste gepflegt. Als Auszubildender der Firma erhalten Sie nun den Auftrag, die Tabelle in die erste, danach in die zweite und anschließend in die dritte Normalform zu überführen.

Fachbibliothek Desktop-Entwicklung

ProConsult IT-Lösungen

Autor	Titel	Auf-lage	ISBN	Verlag	Letztes Ausleih-datum	Letzter Ausleiher	Abteilung
Kramm	C++ Profiwissen	2	348383822	EDV-Buch	20.01.2020	Hansen	Desktop-Entwicklung
Mohren/ Klein	Java ist nicht nur eine Insel	4	747473932	ProVerlag	15.02.2020	Knudsen	Web-Entwicklung
Lorenz	Python to go	1	382904182	Warehouse			
Krause/ Michel/ Frank	C# .NET	3	972619472	EDV-Buch	15.01.2020	Laufer	Personal
Schwämmer	Javascript für Anfänger	1	719236172	ProVerlag			
Goren/ Susen	Netzwerk-Grundlagen	5	351789012	Warehouse	01.10.2019	Krüger	Support
:	:	:	:	:	:	:	:

Ihre Lösung:

Konzeption von Datenbanken:
SQL

Ausgangsszenario:

Die Abteilung Desktop-Entwicklung der IT-Firma *ProConsult* kam bei einem internen Meeting zu dem Schluss, dass es sinnvoll wäre, Informationen zu ausgewählten Themen übersichtlich auf einem Plakat darzustellen.

Aufgabenstellung:

Als Praktikant in der Abteilung Desktop-Entwicklung erhalten Sie den Auftrag, für ein solches Plakat eine Tabelle zu erstellen, die gängige SQL-Befehle entsprechenden Kategorien zuordnet.

Folgende Begriffe müssen einsortiert werden:

- INSERT
- DELETE
- SELECT
- COMMIT
- UPDATE
- WHERE
- CREATE TABLE
- PRIMARY KEY
- REVOKE
- CREATE VIEW
- FOREIGN KEY

- HAVING
- DROP TABLE
- SAVEPOINT
- GRANT
- ALTER TABLE
- GROUP BY
- VALUES
- DISTINCT
- CONSTRAINT
- ROLLBACK

Tabelle der SQL-Kategorien

ProConsult
IT-Lösungen

DML	DDL	DCL	DQL	Transaktions-steuerung

Konzeption von Datenbanken: SQL

Ausgangsszenario:

Die konzeptuellen Änderungen der Datenbank der IT-Firma *ProConsult* müssen nun konkret umgesetzt werden.

Aufgabenstellung:

Als Auszubildender der Firma erhalten Sie den Auftrag, ein SQL-Skript zu schreiben, das die untenstehenden Tabellen erzeugt und mit den Daten füllt.

Tabellenvorlage

ProConsult IT-Lösungen

Kategorie

Kategorie_ID	Bezeichnung
1	Mobile Computer
2	Visualisierung
:	:

Ressource

Ressourcen_ID	Bezeichnung	Hersteller	Kategorie_ID
7111	Laptop XPro	Dell	1
7221	Beamer LCD	HP	2
:	:	:	:

Ressource_Projekt

Ressourcen_ID	Projekt_ID
7111	84141
7221	45661
:	:

Projekt

Projekt_ID	Bezeichnung	Startdatum	Enddatum
84141	Wartungs-App	01.04.2020	15.04.2020
45661	Interface	15.05.2020	15.06.2020
:	:	:	:

Ihre Lösung:

Konzeption von Datenbanken:
SQL

Ausgangsszenario:

Nachdem die konzeptuellen Änderungen der Datenbank der IT-Firma *ProConsult* umgesetzt wurden, müssen verschiedene Views für die Mitarbeiter erstellt werden.

Aufgabenstellung:

Als Auszubildender der Firma erhalten Sie den Auftrag, mehrere *Views* für die untenstehenden und bereits in der Datenbank angelegten Tabellen zu entwickeln.

Views erstellen

ProConsult IT-Lösungen

Kategorie

Kategorie_ID	Bezeichnung
1	Mobile Computer
:	:

Ressource_Projekt

Ressourcen_ID	Projekt_ID
7111	84141
:	:

Ressource

Ressourcen_ID	Bezeichnung	Hersteller	Kategorie_ID
7111	Laptop XPro	Dell	1
:	:	:	:

Projekt

Projekt_ID	Bezeichnung	Startdatum	Enddatum
84141	Wartungs-App	01.04.2020	15.04.2020
:	:	:	:

View 1: Anzeigen aller Ressourcenbezeichnungen mit Kategoriebezeichnungen

Ressourcenbezeichnung	Kategoriebezeichnung
Laptop XPro	Mobile Computer
Beamer LCD	Visualisierung
:	:

View 2: Anzeigen der Projektbezeichnungen mit Anzahl der zugeordneten Ressourcen

Projekt	Anzahl Ressourcen
Interface	1
Wartungs-App	1
:	:

View 3: Anzeigen aller Projekte, die bereits abgeschlossen sind, gerade bearbeitet werden oder in Zukunft starten (mit Tageszahl) – Referenzdatum hier ist der 01.05.2020

Projekt	Status
Wartungs-App	beendet seit Tagen: 16
Interface	startet in Tagen: 14
:	:

Ihre Lösung:

Projektmanagement:
Allgemein

Ausgangsszenario:

Die Geschäftsleitung der IT-Firma *ProConsult* möchte, dass die Kenntnisse im Projektmanagement in den einzelnen Abteilungen verbessert werden. Dazu soll eine kleine Schulung vorbereitet werden, die mit einem Test abschließt.

Aufgabenstellung:

Der Test ist bereits entwickelt worden. Entwerfen Sie eine Musterlösung zu den Fragen.

Test zu den Grundlagen des Projektmanagements

ProConsult IT-Lösungen

Aufgabe 1: Überprüfen Sie den Text auf fehlerhafte Aussagen.

Ein Projekt ist ein immer wiederkehrendes Vorhaben mit einem klaren Ziel sowie einem Anfangstermin und variablem Endtermin.

Aufgabe 2: Das Ziel eines Projekts sollte nach der „SMART"-Regel entwickelt werden. Welche der folgenden Eigenschaften muss das Ziel haben?

☐ spezifisch   ☐ spontan   ☐ metrisch

☐ speziell   ☐ messbar   ☐ temporär

☐ mittelmäßig   ☐ redundant   ☐ akzeptiert

☐ realistisch   ☐ terminiert   ☐ traditionell

Aufgabe 3: Im Projektmanagement spricht man von einem „magischen Dreieck", welches den Zusammenhang zwischen wichtigen Kenngrößen darstellt. Wählen Sie die Kenngrößen aus den vorgegebenen Begriffen aus und tragen sie in die Platzhalter ein.

Leitung

Auftrag

Qualität

Kosten

Kontrolle

Ausstattung

Transparenz

Führung

Zeit

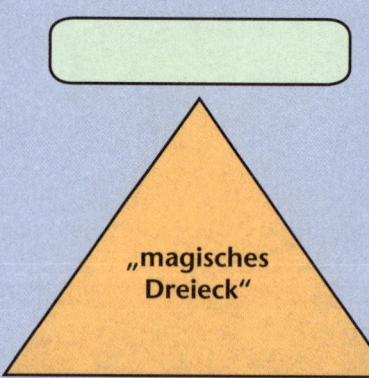

„magisches Dreieck"

Projektmanagement:
Allgemein

Ausgangsszenario:

Die Geschäftsleitung der IT-Firma *ProConsult* möchte, dass die Kenntnisse im Projektmanagement in den einzelnen Abteilungen weiter verbessert werden. Dazu wird eine weitere Schulung vorbereitet, die ebenfalls mit einem Test abschließt.

Aufgabenstellung:

Der Test ist bereits entwickelt worden. Entwerfen Sie eine Musterlösung zu den Fragen.

Weiterer Test zu Grundlagen des Projektmanagements

ProConsult IT-Lösungen

Aufgabe 1: Die englische Projektmanagementmethode PRINCE2 definiert ein Projekt wie folgt:

"A temporary organization that is created for the purpose of delivering one or more business products according to an agreed Business Case"

Übersetzen Sie diese Definition ins Deutsche:

Aufgabe 2: Welche Personen umfasst der Begriff „Stakeholder" bei einem Projekt? Nennen Sie mindestens drei Personen bzw. Personengruppen.

Aufgabe 3: Ein Projekt durchläuft in der Regel bestimmte Phasen. Bringen Sie die folgenden Projektphasen in die zeitlich korrekte Reihenfolge. Ordnen Sie dann jeder Projektphase alle ihre Bestandteile *(kursiv gedruckt)* zu.

- Projektdurchführung
- Projektabschluss

- Projektauftrag/Projektdefinition
- Projektplanung

- *Meilensteine*
- *Machbarkeitsstudie*
- *Abschlussbericht*
- *Gantt-Diagramm*

1.	
2.	
3.	
4.	

Projektmanagement:
Gantt-Diagramm

Ausgangsszenario:

Als Auszubildender der IT-Firma *ProConsult* sollen Sie Erfahrungen in der Projektplanung sammeln. Dazu werden Sie in der Entwicklungsabteilung mit der Zeitplanung eines Softwareprojektes betraut.

Aufgabenstellung:

Der Leiter der Entwicklungsabteilung hat die Phasen für das Projekt bereits vorgeplant. Setzen Sie diese Vorgabe in einem Gantt-Diagramm um und kennzeichnen Sie den kritischen Pfad des Projektes.

Planung des Software-Projektes

ProConsult IT-Lösungen

Vorplanung der Phasen:

Nr.	Phase	Dauer	Vorgänger
A	Analyse	1	–
B	Planung	4	A
C	Design 1	3	A
D	Modul 1	6	C, B
E	Design 2	4	B
F	Modul 2	8	E, D
G	Testphase Design 1	5	C
H	Übergabe	3	F, G

Ihr Gantt-Diagramm (inkl. kritischem Pfad):

Projektmanagement:
Netzplan

Ausgangsszenario:

Als Auszubildender der IT-Firma *ProConsult* sollen Sie Erfahrungen in der Projektplanung sammeln. Dazu werden Sie in der Entwicklungsabteilung mit der Zeitplanung eines Softwareprojektes betraut.

Aufgabenstellung:

Nach der erfolgreichen Umsetzung als Gantt-Diagramms soll zusätzlich ein Netzplan erstellt werden. Setzen Sie die bereits vorgeplanten Phasen des Projekts in einem Netzplan um und geben Sie den kritischen Pfad des Projektes an.

Planung des Software-Projektes

ProConsult IT-Lösungen

Vorplanung der Phasen:

Nr.	Phase	Dauer	Vorgänger
A	Analyse	1	–
B	Planung	4	A
C	Design 1	3	A
D	Modul 1	6	C, B
E	Design 2	4	B
F	Modul 2	8	E, D
G	Testphase Design 1	5	C
H	Übergabe	3	F, G

Vorgabe Netzplanelement:

FAZ		FEZ
	Name	
D		P
SAZ		SEZ

FAZ = frühester Anfangszeitpunkt
SAZ = spätester Anfangszeitpunkt
FEZ = frühester Endzeitpunkt
SEZ = spätester Endzeitpunkt
D = Dauer des Vorgangs
P = Pufferzeit

Ihr Netzplan (inkl. kritischem Pfad):

Softwareentwicklungsmodelle: Allgemein

Ausgangsszenario:

Der Leiter der Abteilung Desktop-Entwicklung der IT-Firma *ProConsult* arbeitet an einer Präsentation zum Thema Softwareentwicklungsmodelle bzw. Vorgehensmodelle bei der Softwareentwicklung. In einer kleinen Präsentation möchte er den Mitarbeiterinnen und Mitarbeitern verschiedene Vorgehensweisen vorstellen.

Aufgabenstellung:

Als Praktikant in der Abteilung Desktop-Entwicklung erhalten Sie den Auftrag, die verschiedenen Modelle in die entsprechenden Kategorien einzuteilen, um damit einen Teil der Präsentation vorzubereiten.

Kategorien der Vorgehensweisen zur Softwareentwicklung

ProConsult IT-Lösungen

Konventionelle (sequenzielle) Vorgehensweise	Agile (flexible) Vorgehensweise	Entwicklungs-methode	Entwicklungs-philosophie

Folgende Modelle (Vorgehensweisen, Methoden ...) müssen einsortiert werden:

Extreme Programming, Wasserfallmodell, V-Modell, Prototyping, Rational Unified Process, Scrum, Spiralmodell, Agile Unified Process, Testgetriebene Entwicklung, Kanban, Modellgetriebene Softwareentwicklung, Capability Maturity Model (Reifegradmodell)

Softwareentwicklungsmodelle:
Wasserfallmodell

Ausgangsszenario:

Der Leiter der Abteilung Desktop-Entwicklung der IT-Firma *ProConsult* arbeitet an einer speziellen Präsentation zum Thema „Wasserfallmodell". In einer kleinen Präsentation möchte er den Mitarbeiterinnen und Mitarbeitern die wesentlichen Aspekte des Modells vorstellen.

Aufgabenstellung:

Als Praktikant in der Abteilung Desktop-Entwicklung erhalten Sie den Auftrag, einige Begrifflichkeiten im Zusammenhang mit dem Wasserfallmodell zu klären sowie Vor- und Nachteile des Modells zu benennen.

Aspekte des Wasserfallmodells

ProConsult
IT-Lösungen

Definieren Sie die folgenden Begriffe im Zusammenhang mit dem Wasserfallmodell:

Dokumentgetrieben:

Top-Down-Methode:

Schreiben Sie mindestens drei Vor- und Nachteile zum Wasserfallmodell auf:

Vorteile	Nachteile

Softwareentwicklungsmodelle:
V-Modell

Ausgangsszenario:

Nach einigen Präsentationen zum Thema „konventionelle Vorgehensmodelle" möchte der Leiter der Abteilung Desktop-Entwicklung der IT-Firma *ProConsult* einen kleinen anonymen Test mit seinen Mitarbeiterinnen und Mitarbeitern durchführen.

Aufgabenstellung:

Der Test wurde bereits vom Leiter der Desktop-Entwicklung konzipiert. Als Praktikant aus der Abteilung erhalten Sie den Auftrag, eine Musterlösung zu erstellen.

Test zu konventionellen Vorgehensmodellen

ProConsult IT-Lösungen

Aufgabe 1: Überprüfen Sie den Text und korrigieren Sie fehlerhafte Aussagen.

Das V-Modell wurde ursprünglich nicht für die Softwareentwicklung konzipiert. Es organisiert den Prozess in Phasen (ähnlich dem Wasserfallmodell). Genauso wie im Wasserfallmodell werden parallel zu den Phasen Tests (QM-Maßnahmen) definiert und gegenübergestellt. Das V-Modell hat seinen Namen als Abkürzung von „Vorgehens-Modell".

Aufgabe 2: Stellen Sie die entsprechenden Tests den Phasen im V-Modell gegenüber

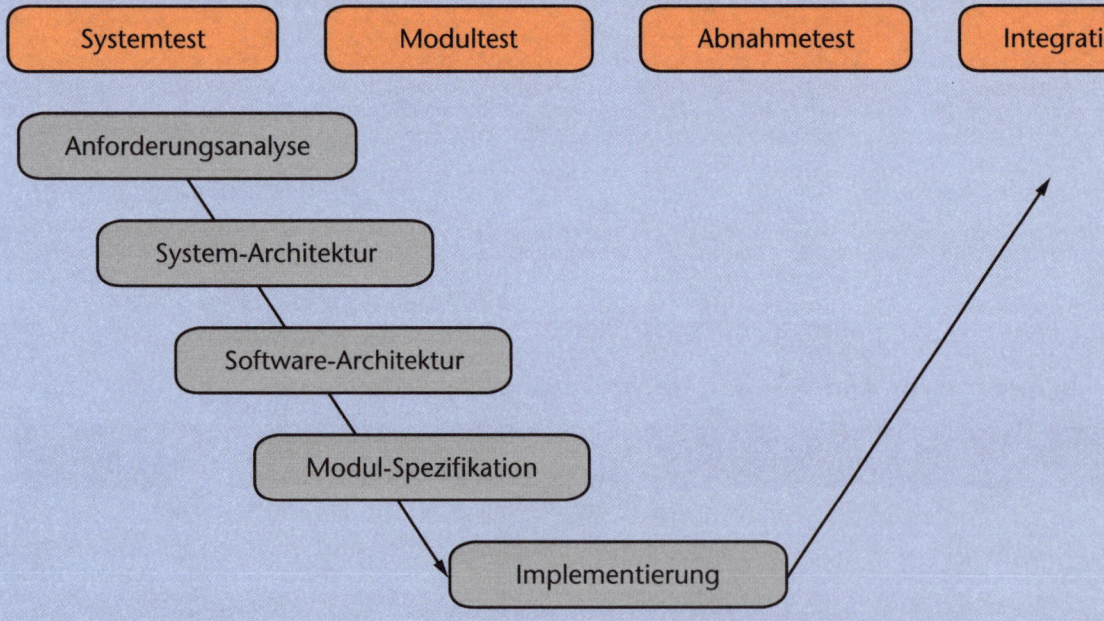

Aufgabe 3: Welche Aussagen sind korrekt?

☐ Der Abnahmetest wird immer durch den Entwickler durchgeführt.

☐ Eine Software-Architektur beschreibt die Komponenten eines Software-Systems und deren Beziehungen untereinander.

☐ Eine System-Architektur beschreibt die Komponenten eines Software-Systems und deren Beziehungen untereinander.

☐ Der Integrationstest testet die Module (Komponenten) auf Zusammenarbeit.

Softwareentwicklungsmodelle:
Agile Entwicklung

Ausgangsszenario:

Der Leiter der Abteilung Desktop-Entwicklung der IT-Firma *ProConsult* arbeitet an einer speziellen Präsentation zum Thema „agile Softwareentwicklung". In einer kleinen Präsentation möchte er den Mitarbeiterinnen und Mitarbeitern die wesentlichen Aspekte vorstellen.

Aufgabenstellung:

Als Praktikant in der Abteilung Desktop-Entwicklung erhalten Sie den Auftrag, einige Begrifflichkeiten im Zusammenhang mit der agilen Softwareentwicklung zu klären sowie eine englische Beschreibung zu übersetzen.

Aspekte der agilen Softwareentwicklung

ProConsult IT-Lösungen

Definieren Sie die folgenden Begriffe im Zusammenhang mit agiler Softwareentwicklung:

Agile Methode:

Agiler Prozess:

Übersetzen Sie die Leitsätze der agilen Softwareentwicklung ins Deutsche:

"We are uncovering better ways of developing software by doing it and helping others do it. Through this work we have come to value:

– individuals and interactions over processes and tools
– working software over comprehensive documentation
– customer collaboration over contract negotiation
– responding to change over following a plan

That is, while there is value in the items on the right, we value the items on the left more."

Softwareentwicklungsmodelle:
Scrum

Ausgangsszenario:

Die Abteilung Desktop-Entwicklung der IT-Firma *ProConsult* hat sich entschlossen ein agiles Software-entwicklungsmodell einzusetzen. Dazu wurde ein Mitarbeiter auf eine Schulung zu „Scrum" geschickt. Er hat einige wesentliche Aspekte des Modells während der Schulung notiert.

Aufgabenstellung:

Als Praktikant in der Abteilung Desktop-Entwicklung erhalten Sie den Auftrag, die Notizen des Kollegen auf Korrektheit zu prüfen.

Notizen zu Scrum

ProConsult IT-Lösungen

Ein Sprint beginnt mit einem Sprint-Planning und endet mit einem Sprint-Review.

In einem Sprint kann jederzeit die Arbeit unterbrochen werden, um Änderungen des Kunden einzupflegen.

Ein Sprint kann in der Regel zwischen einer und vier Wochen dauern.

Der Scrum Master führt die Scrum-Regeln ein und kümmert sich um die Einhaltung der Regeln und einen ungestörten Ablauf der Entwicklung.

Der Scrum Master ist immer auch ein Teil des Entwicklungsteams und entwickelt besonders wichtige Aspekte des Produktes.

Das Entwicklungsteam kann aus einer Person oder mehreren Personen bestehen.

Das Entwicklungsteam sollte so zusammengesetzt sein, dass verschiedene Experten beteiligt sind (Entwickler, Tester, Architekten ...).

Der Product Owner ist gleichbedeutend mit dem Kunden.

Der Product Owner ist für das Product Backlog verantwortlich.

Das Product Backlog ist eine übersichtliche Anordnung der Anforderungen an das Produkt.

Das Daily Scrum ist ein tägliches 15-minütiges Treffen des Entwicklerteams.

Scrum Master und Product Owner dürfen nicht am Daily Scrum teilnehmen.

Im Daily Scrum werden alle Probleme des Entwicklerteams gelöst.

Ein wesentliches Ziel von Scrum ist es, dass die Stakeholder möglichst vom Entwicklungsprozess ferngehalten werden und erst am Ende der Entwicklung das Produkt sehen können.

Softwareentwicklungsmodelle:
Scrum-Projekt

Ausgangsszenario:

Die Abteilung Desktop-Entwicklung der IT-Firma *ProConsult* hat sich nun entschlossen, *Scrum* als agiles Softwareentwicklungsmodell einzusetzen. Dazu soll die Simulation eines Kundenauftrags erfolgen, um das neue Modell einzuführen.

Aufgabenstellung:

Als Praktikant in der Abteilung Desktop-Entwicklung erhalten Sie den Auftrag, eine Vorlage für ein *Scrum-Projekt* zu erstellen. Dazu sollen die vorhandenen Mitarbeiter auf die entsprechenden *Scrum-Rollen* verteilt werden. Weiterhin sollen eine Vorlage für eine User-Story-Karte und eine Vorlage für das *Scrum Board* erstellt werden.

Planung eines Scrum-Projektes

ProConsult IT-Lösungen

Als Simulation eines Kundenauftrags soll eine Desktop-Anwendung entwickelt werden, die statistische Daten visualisiert.

Aufgabe 1: Verteilen Sie die aufgeführten Mitarbeiter auf die entsprechenden Scrum-Rollen:

Scrum Master:

Product Owner:

Scrum Team:

Stakeholder:

Mitarbeiter:

Hansen (Web-Entwickler), Maier (Desktop-Entwickler), Knudsen (Abteilungsleiter), Kaiser (Tester), König (Kunde), Laufer (Sekretärin), Hofer (Gruppenleiter Desktop), Sauer (Web-Entwicklerin), Olsen (Java-Spezialist), Raupe (Software-Architekt), Weber (Web-Designer), Ranters (QM-Beauftragter), Norman (Geschäftsführerin)

Aufgabe 2: Erstellen Sie eine Vorlage einer *User-Story-Karte*

```
?        ?

     TODO...

?
```

Aufgabe 3: Erstellen Sie eine Vorlage für ein *Scrum Board*

Qualitätsmanagement:
Allgemein

Ausgangsszenario:

Die Geschäftsleitung der IT-Firma *ProConsult* hat beschlossen, dass in Zukunft mehr Wert auf Qualitätsmanagement gelegt wird. In einer internen Mail hat sie die Abteilungsleitungen aufgefordert, ihr Wissen in diesem Bereich zu aktualisieren.

Aufgabenstellung:

Der Leiter der Abteilung Desktop-Entwicklung hat wenig Erfahrung mit Qualitätsaspekten. Deshalb hat er verschiedene Begriffe recherchiert und versucht, sie in einer Mind-Map zu strukturieren. Als Praktikant der Abteilung bittet er Sie, die Mind-Map fertigzustellen.

Internetrecherche zu Qualitäts-Aspekten

*ProConsult
IT-Lösungen*

Qualitätsprüfung	Qualitätsbegriff	Qualitätssicherung
EFQM-Modell	Qualitätslenkung	Philosophie
DIN EN ISO 9001	Produktqualität	Qualitätsmanagement
Inhärentes Merkmal	TQM *(Total-Quality-Management)*	Norm
Prozessqualität	Qualitätspolitik	DIN EN ISO 9004
Qualitätsplanung	DIN EN ISO 9000 ff.	

Qualitätsbegriff

Qualitätsaspekte

Philosophie

Qualitätsmanagement:
DIN EN ISO-Normen 9000 ff.

Ausgangsszenario:

Durch den Entschluss der Geschäftsleitung der IT-Firma *ProConsult,* in Zukunft mehr Wert auf Qualitätsmanagement zu legen, müssen die Abteilungen sich auch mit den aktuellen ISO-Normen auseinandersetzen.

Aufgabenstellung:

Der Leiter der Abteilung Desktop-Entwicklung möchte in den Büros ein Plakat mit den wesentlichen Inhalten der DIN EN ISO 9000 sowie einem wichtigen Aspekt der DIN EN ISO 9001 aufhängen. Das Grundgerüst des Plakates ist bereits entworfen worden. Als Praktikant der Abteilung bittet er Sie, das Plakat mit Inhalt zu füllen.

DIN EN ISO-Norm 9000 ff.: wesentliche Inhalte

ProConsult IT-Lösungen

DIN EN ISO 9000 ff.

Die DIN EN ISO 9000 ff. kurz dargestellt:

Grundsätze der DIN EN ISO 9000:

PDCA-Zyklus der DIN EN ISO 9001

Datenschutz:
Allgemein

Ausgangsszenario:

Wegen der relativ neuen Datenschutz-Grundverordnung DSGVO (2018) und dem folgenden Bundes-datenschutzgesetz BDSG (2018) hat die Geschäftsleitung der IT-Firma *ProConsult* alle Abteilungs-leitungen beauftragt, die Mitarbeiterinnen und Mitarbeiter über wesentliche Aspekte des Datenschutzes zu informieren.

Aufgabenstellung:

Der Leiter der Abteilung Desktop-Entwicklung hat einige wesentliche Aspekte des Datenschutzes zusammengetragen. Für eine Info-Mail an alle Mitarbeiterinnen und Mitarbeiter bittet er Sie, diese Stichpunkte auszuführen und zu ergänzen.

Wichtige Datenschutzaspekte

ProConsult IT-Lösungen

Was regelt die DSGVO und was regelt das BDSG?

Ausgewählte Rechte betroffener Personen nach der DSGVO:

Recht auf Auskunft:

Recht auf Berichtigung:

Recht auf Löschung:

Datenschutz: DSGVO und BDSG

Ausgangsszenario:

Die Geschäftsleitung der IT-Firma *ProConsult* ist unsicher, ob die Firma einen Datenschutzbeauftragten benennen muss und hat den Leiter der Abteilung Desktop-Entwicklung beauftragt, eine Entscheidungshilfe zu erstellen.

Aufgabenstellung:

Der Leiter der Abteilung Desktop-Entwicklung hat die relevanten Artikel aus der DSGVO und dem BDSG zusammengetragen. Als Auszubildender der Abteilung erhalten Sie den Auftrag, einen Programmablaufplan zu erstellen, der eine Entscheidung für die Benennung ermöglicht.

Artikel zur Benennung eines Datenschutzbeauftragten

ProConsult IT-Lösungen

§ 38 BDSG
Datenschutzbeauftragte nichtöffentlicher Stellen

1. Ergänzend zu Artikel 37 Absatz 1 Buchstabe b und c der Verordnung (EU) 2016/679 benennen der Verantwortliche und der Auftragsverarbeiter eine Datenschutzbeauftragte oder einen Datenschutzbeauftragten, soweit sie in der Regel mindestens zehn Personen ständig mit der automatisierten Verarbeitung personenbezogener Daten beschäftigen. Nehmen der Verantwortliche oder der Auftragsverarbeiter Verarbeitungen vor, die einer Datenschutz-Folgenabschätzung nach Artikel 35 der Verordnung (EU) 2016/679 unterliegen, oder verarbeiten sie personenbezogene Daten geschäftsmäßig zum Zweck der Übermittlung, der anonymisierten Übermittlung oder für Zwecke der Markt- oder Meinungsforschung, haben sie unabhängig von der Anzahl der mit der Verarbeitung beschäftigten Personen eine Datenschutzbeauftragte oder einen Datenschutzbeauftragten zu benennen. [...]

Art. 35 DSGVO
Datenschutz-Folgenabschätzung

1. Hat eine Form der Verarbeitung, insbesondere bei Verwendung neuer Technologien, aufgrund der Art, des Umfangs, der Umstände und der Zwecke der Verarbeitung voraussichtlich ein hohes Risiko für die Rechte und Freiheiten natürlicher Personen zur Folge, so führt der Verantwortliche vorab eine Abschätzung der Folgen der vorgesehenen Verarbeitungsvorgänge für den Schutz personenbezogener Daten durch. Für die Untersuchung mehrerer ähnlicher Verarbeitungsvorgänge mit ähnlich hohen Risiken kann eine einzige Abschätzung vorgenommen werden.

2. Der Verantwortliche holt bei der Durchführung einer Datenschutz-Folgenabschätzung den Rat des Datenschutzbeauftragten, sofern ein solcher benannt wurde, ein.

Art. 37 DSGVO
Benennung eines Datenschutzbeauftragten

1. Der Verantwortliche und der Auftragsverarbeiter benennen auf jeden Fall einen Datenschutzbeauftragten, wenn

   a) [...]

   b) die Kerntätigkeit des Verantwortlichen oder des Auftragsverarbeiters in der Durchführung von Verarbeitungsvorgängen besteht, welche aufgrund ihrer Art, ihres Umfangs und/oder ihrer Zwecke eine umfangreiche regelmäßige und systematische Überwachung von betroffenen Personen erforderlich machen, oder

   c) die Kerntätigkeit des Verantwortlichen oder des Auftragsverarbeiters in der umfangreichen Verarbeitung besonderer Kategorien von Daten gemäß Artikel 9 oder [...]

Fortsetzung:
Artikel zur Benennung eines Datenschutzbeauftragten

Art. 9 DSGVO
Verarbeitung besonderer Kategorien personenbezogener Daten

1. Die Verarbeitung personenbezogener Daten, aus denen die rassische und ethnische Herkunft, politische Meinungen, religiöse oder weltanschauliche Überzeugungen oder die Gewerkschaftszugehörigkeit hervorgehen, sowie die Verarbeitung von genetischen Daten, biometrischen Daten zur eindeutigen Identifizierung einer natürlichen Person, Gesundheitsdaten oder Daten zum Sexualleben oder der sexuellen Orientierung einer natürlichen Person ist untersagt.

2. Absatz 1 gilt nicht in folgenden Fällen: […]

Benennung eines Datenschutzbeauftragten – Programmablaufplan:

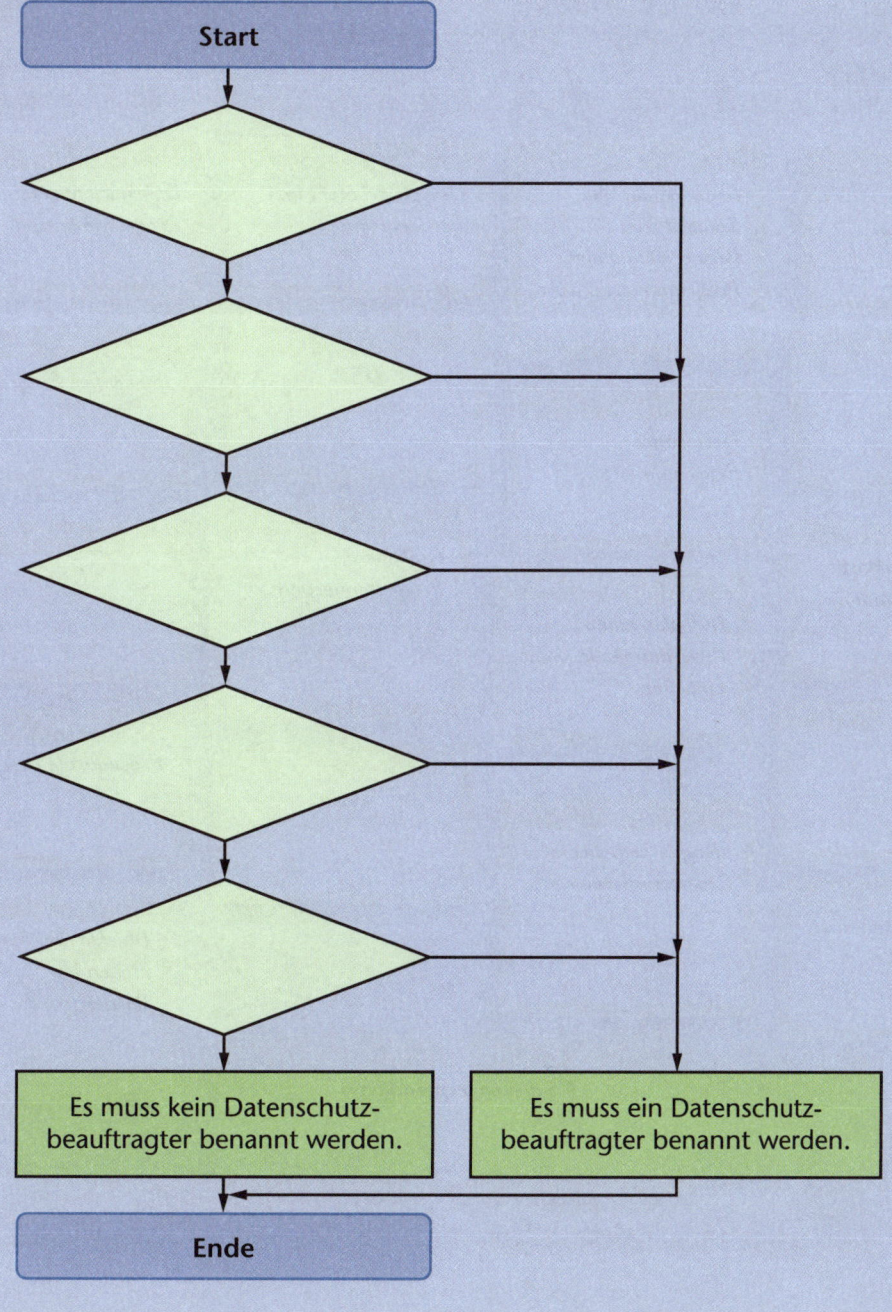

Programmierkonzepte:
Programmiersprachen

Ausgangsszenario:

Der Leiter der Abteilung Desktop-Entwicklung möchte durch eine Präsentation zu den „Grundlagen der Softwareentwicklung" den zukünftigen Auszubildenden den Einstieg erleichtern. Ein Teil der Präsentation soll eine Einordnung von Programmier-Sprachen und -Konzepten sein. Leider sind die Notizen des Leiters in Unordnung geraten.

Aufgabenstellung:

Als erfahrener Auszubildender der Abteilung erhalten Sie den Auftrag, die Notizen übersichtlich und fachlich korrekt zu ordnen.

Ungeordnete Notizen zu Programmiersprachen und Konzepten

ProConsult
IT-Lösungen

- Strukturierte Programmierung
- Grundsätzliches Konzept zur Beschreibung einer Programmiersprache
- Das „Wie" steht im Vordergrund
- Objektorientierte Programmierung
- SQL
- LISP
- Imperative Programmierung
- Deklarative Programmierung
- Mit Kontrollstrukturen den Ablauf gestalten
- Funktionale Programmierung
- C++
- Aufteilen eines Programmes in kleine Einheiten
- C#
- Java
- Prozedurale Programmierung
- Mengen-orientierte Programmierung
- Das „Was" steht im Vordergrund
- + x Objekte und Klassen stehen im Vordergrund
- Programmierparadigma

Ihre Lösung:

ProConsult
IT-Lösungen

Programmierkonzepte:
Pseudocode

Ausgangsszenario:

Der Leiter der Abteilung Desktop-Entwicklung möchte den zukünftigen Auszubildenden eine Art Handbuch „Grundlagen Softwareentwicklung" zu Verfügung stellen, um den Einstieg in die Ausbildung zu erleichtern. Gerade zu Beginn der Ausbildung ist es wichtig, dass die Grundkonzepte der Programmierung verstanden werden. Dazu ist es hilfreich, Algorithmen in einem ersten Schritt in Pseudo-Code zu schreiben.

Aufgabenstellung:

Als erfahrener Auszubildender der Abteilung erhalten Sie den Auftrag, zuerst eine einheitliche deutsche Notation für den Pseudo-Code zu entwickeln und das unten angegebene Beispielprogramm dann in diesen Pseudo-Code zu übersetzen.

Notation zu Pseudo-Code:

ProConsult IT-Lösungen

C-Befehle	Ihr Pseudo-Code
`int main (…) { … return 0; }`	
`Datentyp variable;` `variable = Anfangswert;`	

`if (Bedingung)`
 `{`
 `    Anweisungen;`
 `}`
 `else`
 `{`
 `    Anweisungen;`
 `}`	

`while (Bedingung)`
 `{`
 `    Anweisungen;`
 `}`   `do`
 `{`
 `        Anweisungen;`
 `}`
 `while (Bedingung);`	

`for (Initialisierung; Bedingung;`
 `    Schrittanweisung)`
 `{`
 `    Anweisungen;`
 `}`	

Notation zu Pseudo-Code:

Teil 2: Übersetzen Sie das folgende C-Programm in Pseudo-Code

```c
int main()
{
    int zahl_1;
    int zahl_2;

    zahl_2 = 0;

    for (zahl_1 = 1; zahl_1 < 10; zahl_1++)
    {
        zahl_2 = zahl_2 + zahl_1;
    }
    if (zahl_2 > 30)
    {
        zahl_2 = zahl_2 * 2;
    }
    else
    {
        zahl_2 = zahl_2 * 3;
    }

    return 0;
}
```

Ihr Pseudo-Code:

Programmierkonzepte:
Pseudocode

Ausgangsszenario:

Der Leiter der Abteilung Desktop-Entwicklung möchte den zukünftigen Auszubildenden eine Art Handbuch „Grundlagen Softwareentwicklung" zu Verfügung stellen, um den Einstieg in die Ausbildung zu erleichtern. Gerade zu Beginn der Ausbildung ist es wichtig, dass die Grundkonzepte der Programmierung verstanden werden. Dazu ist es hilfreich, Algorithmen in einem ersten Schritt in Pseudo-Code zu schreiben. Zur Übung hat sich der Leiter der Abteilung Desktop-Entwicklung eine Aufgabe ausgedacht, deren Lösung in Pseudo-Code geschrieben werden soll.

Aufgabenstellung:

Als erfahrener Auszubildender der Abteilung erhalten Sie den Auftrag, eine Musterlösung für die Pseudo-Code-Aufgabe zu erstellen.

Übungsaufgabe zu Pseudo-Code

ProConsult IT-Lösungen

Entwerfen Sie eine Programmlogik in Pseudo-Code für die folgende Aufgabenstellung:

Für einen ersten Prototyp soll eine schnelle Erfassung und Umwandlung von Rechnungsbeträgen über eine einfache Applikation erfolgen. Die Applikation liest beliebig viele Rechnungsbeträge über die Tastatur ein und wandelt jeden Betrag direkt nach folgender Logik um:

– Ist der Rechnungsbetrag größer als 15.000 Euro, so werden 3,5 % Rabatt berechnet und der rabattierte Rechnungsbetrag angezeigt.

– Liegt der Rechnungsbetrag zwischen 5.000 Euro (inkl.) und 15.000 Euro (inkl.), so wird ein Rabatt von 2,25 % gewährt und der rabattierte Rechnungsbetrag angezeigt.

– Für Rechnungsbeträge zwischen 1.000 Euro (inkl.) und 5.000 Euro (exkl.) wird kein Rabatt gewährt.

– Unter 1000 Euro wird ein Aufschlag von 1,25 % auf den Rechnungsbetrag erhoben und der erhöhte Rechnungsbetrag angezeigt.

Die Eingabe einer Null für den Rechnungsbetrag schließt die Erfassung ab. Anschließend wird die Summe der Rabatte (Aufschläge werden abgezogen) angezeigt.

Eine mögliche Bildschirmausgabe auf einer Konsole könnte so aussehen:

```
Prototyp Rechnungserstellung Version 1.0

Bitte Rechnungsbetrag eingeben: 17500
Rabattierter Betrag: 16887.50 Euro

Bitte Rechnungsbetrag eingeben: 5850
Rabattierter Betrag: 5718.38 Euro

Bitte Rechnungsbetrag eingeben: 2560
Kein Rabatt vorgesehen!

Bitte Rechnungsbetrag eingeben: 580
Erhöhter Betrag: 587.25 Euro

Bitte Rechnungsbetrag eingeben: 12360
Rabattierter Betrag: 12081.90 Euro

Bitte Rechnungsbetrag eingeben: 0

Summe der Rabatte (abzgl. Aufschläge): 1014.97
```

Ihre Lösung:

Programmierkonzepte:
PAP

Ausgangsszenario:

Die Geschäftsleitung der IT-Firma *ProConsult* hat sich entschlossen, das Einreichen von Urlaubsanträgen neu zu regeln. Das neue Verfahren wird durch einen Programmablaufplan dargestellt. Die Mitarbeiterinnen und Mitarbeiter mit wenig IT-Erfahrung haben Probleme, den Programmablaufplan richtig zu interpretieren.

Aufgabenstellung:

Als erfahrener Auszubildender der Abteilung Desktop-Entwicklung wurden Sie gebeten, den PAP zu analysieren und die unten stehenden Fragen der Mitarbeiterinnen und Mitarbeiter zu beantworten.

PAP zur Urlaubsregelung:

ProConsult IT-Lösungen

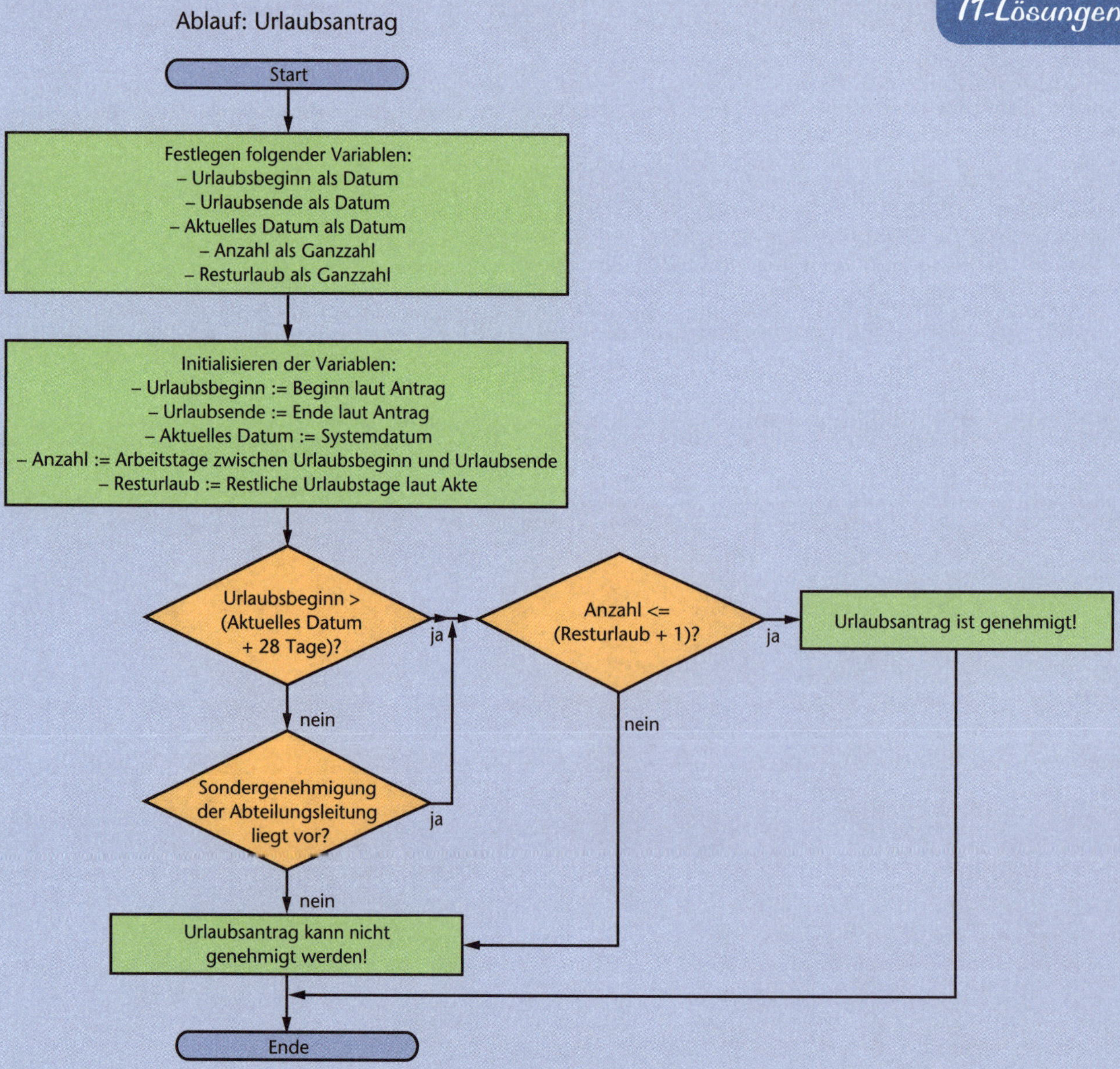

Ablauf: Urlaubsantrag

Start

Festlegen folgender Variablen:
– Urlaubsbeginn als Datum
– Urlaubsende als Datum
– Aktuelles Datum als Datum
– Anzahl als Ganzzahl
– Resturlaub als Ganzzahl

Initialisieren der Variablen:
– Urlaubsbeginn := Beginn laut Antrag
– Urlaubsende := Ende laut Antrag
– Aktuelles Datum := Systemdatum
– Anzahl := Arbeitstage zwischen Urlaubsbeginn und Urlaubsende
– Resturlaub := Restliche Urlaubstage laut Akte

Urlaubsbeginn > (Aktuelles Datum + 28 Tage)? — ja

Anzahl <= (Resturlaub + 1)? — ja → Urlaubsantrag ist genehmigt!

nein

Sondergenehmigung der Abteilungsleitung liegt vor? — ja

nein

nein

Urlaubsantrag kann nicht genehmigt werden!

Ende

Fragen der Mitarbeiter:

– Muss der Urlaubsantrag immer mindestens 4 Wochen vorher gestellt werden?

– Was passiert, wenn der Urlaub einen Tag länger als der Resturlaub ist?

– Muss jeder Urlaubsantrag eine Sondergenehmigung der Abteilungsleitung haben?

– Kann mit einer Sondergenehmigung der Abteilungsleitung der Urlaub drei Tage länger als der Resturlaub sein?

Programmierkonzepte:
PAP

Ausgangsszenario:

Die Abteilung Web-Entwicklung erhält den Auftrag, einen Prototyp für eine App zu erstellen. Diese App soll eine einfache Berechnung des Ticketpreises für Veranstaltungen ermöglichen und sowohl auf mobilen Endgeräten als auch als Web-Applikation angeboten werden.

Aufgabenstellung:

Die Logik der Berechnung soll in einem ersten Schritt mithilfe eines Programmablaufplans entworfen werden. Als erfahrener Auszubildender der Firma erhalten Sie den Auftrag, diesen Programmablaufplan nach den angegebenen Anforderungen umzusetzen.

Anforderungen zur Ticketberechnung

ProConsult IT-Lösungen

Die Applikation soll zuerst den offiziellen Ticketpreis einlesen. Anschließend muss geklärt werden, ob der Ticketkäufer eine der folgenden Bedingungen erfüllt (dementsprechend wird der Ticketpreis angepasst):

✓ Ist die Käuferin oder der Käufer schwerbehindert (Behinderungsgrad ab 50 %), so erhält die Käuferin oder der Käufer einen Rabatt in Höhe seines Schwerbehinderungsgrades.

✓ Ist die Käuferin oder der Käufer jünger als 18 Jahre, so werden 35 % Rabatt gewährt.

✓ Ist die Käuferin oder der Käufer Student/in oder Freiwilligendienstleistende/r oder sozialhilfeberechtigt, so werden 25 % Rabatt gewährt.

✓ Ist die Käuferin oder der Käufer Rentner/in so werden ebenfalls 15 % Rabatt gewährt.

Beim Zutreffen mehrerer Bedingungen wird nur der höchste Rabatt gewährt (keine Summierungen der Rabatte).

Beispielrechnung:

Ticketpreis:	85 Euro
Schwerbehinderung:	ja, 60 %
Jünger als 18 Jahre:	nein
Student/in oder Freiwilligendienstleistende/r:	nein
Rentner/in:	ja
Sozialhilfeberechtigt:	nein
Ticketpreis:	**34,– Euro**

Ihre Umsetzung in einen Programmablaufplan PAP:

ProConsult IT-Lösungen

Programmierkonzepte:
Struktogramm

Ausgangsszenario:

Die Abteilung Desktop-Entwicklung muss eine ältere Anwendung zur Berechnung der Provisionen der Außendienstmitarbeiter aktualisieren. Einige Komponenten der Anwendung liegen nur noch als ausführbare Module vor. Glücklicherweise gibt es Dokumentationen zur Programmlogik, die als Vorlage für die Aktualisierung dienen können.

Aufgabenstellung:

Als erfahrener Auszubildender der Firma erhalten Sie den Auftrag, eines dieser Struktogramme mit einem Schreibtischtest zu prüfen. Dazu sind das Struktogramm sowie einige Eingabedaten und Ausgabedaten des aktuell eingesetzten Moduls vorhanden. Prüfen Sie, ob das Struktogramm die korrekten Ausgabedaten erzeugt.

Provisionsberechnung

ProConsult IT-Lösungen

Folgendes Struktogramm ist gegeben:

Provision Version 1.0

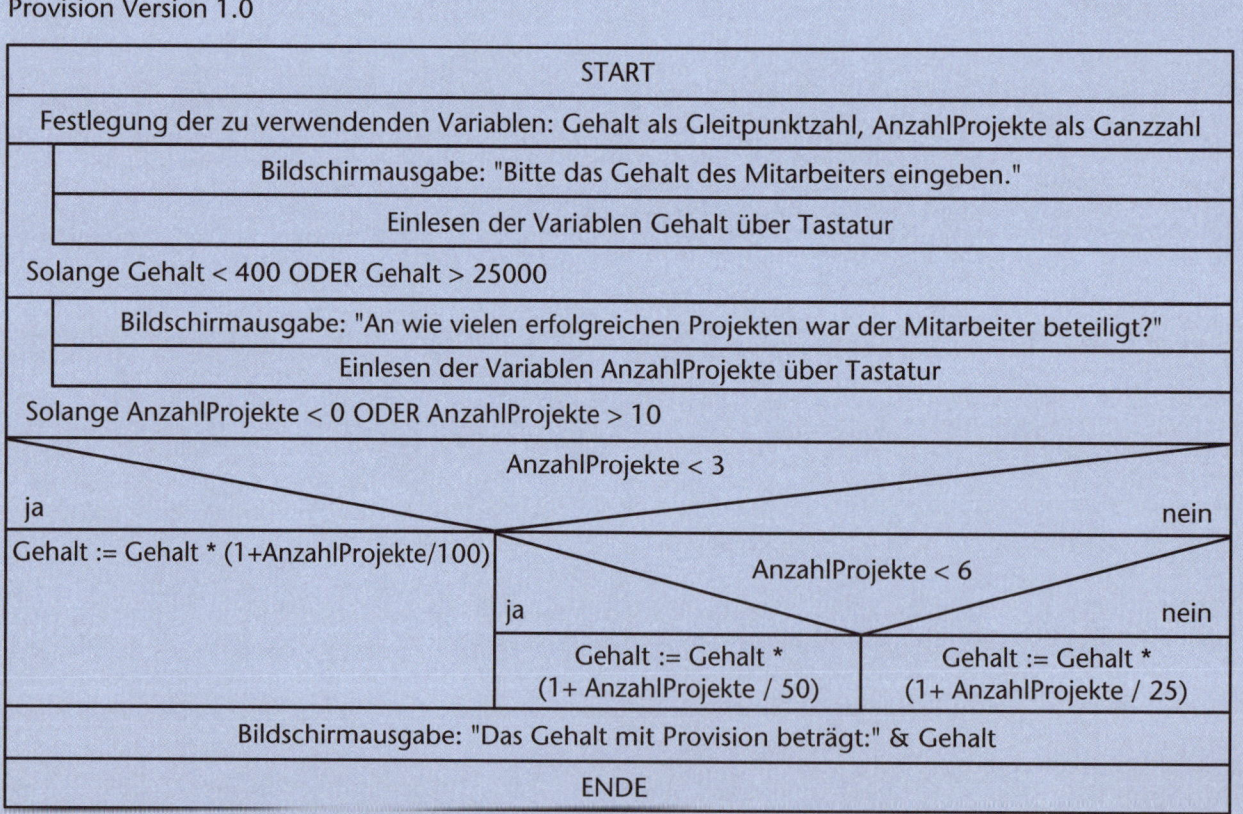

Test der folgenden Daten:

ProConsult
IT-Lösungen

Eingabe Gehalt	Eingabe AnzahlProjekte	Ausgabe Gehalt	Korrekt (ja/nein)
30000	5	33000	
2850	5	3135	
450	1	454	
8250	7	9405	
6500	9	8840	
3900	11	5616	

Programmierkonzepte:
Struktogramm

Ausgangsszenario:

Die Abteilung Desktop-Entwicklung soll eine Anwendung zur Verwaltung von Fachbüchern entwickeln. Dabei muss auch die ISBN (englisch *International Standard Book Number*) der Bücher eingetragen und auf Korrektheit geprüft werden. Dazu dient eine Prüfziffer am Ende der ISBN.

Aufgabenstellung:

Als erfahrener Auszubildender der Firma erhalten Sie den Auftrag, einen Algorithmus zur Prüfung der ISBN zu entwickeln. Der Algorithmus soll dabei in Form eines Struktogramms umgesetzt werden.

ISBN-Prüfung

ProConsult IT-Lösungen

Allgemeiner Aufbau der ISBN:

Die ISBN ist eine Nummer zur eindeutigen Identifizierung von Büchern und anderen Veröffentlichungen wie beispielsweise Software. ISBN werden überwiegend im Buchhandel eingesetzt, aber auch in Bibliotheken verwendet. Die Nummer besteht aus 13 Ziffern, eingeteilt in 5 Gruppen:

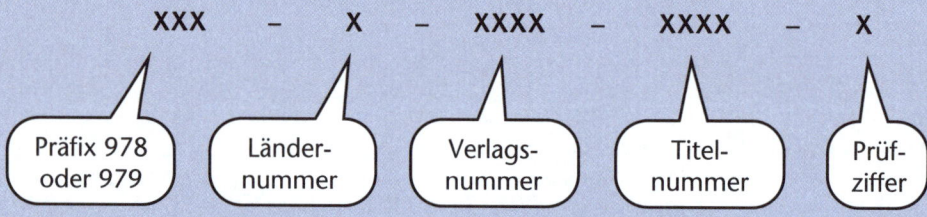

Verlagsnummer und Titelnummer können in der Anzahl der Stellen variieren, aber die Gesamtzahl der Ziffern der ISBN muss 13 Stellen sein.

Beschreibung der ISBN-Prüfung:

Die ersten 12 Stellen werden summiert, wobei jede 2. Stelle mit einer Gewichtung von 3 in die Summe einbezogen wird. Zu dieser Summe wird dann das nächst-höhere Vielfache von 10 gebildet. Die positive Differenz der beiden Zahlen ergibt dann die Prüfziffer.

Beispiel:

ISBN	9	7	8	3	8	0	8	5	3	6	2	9	2
Gewicht	1	3	1	3	1	3	1	3	1	3	1	3	
Produkt	9	21	8	9	8	0	8	15	3	18	2	27	
Summe	9 + 21 + 8 + 9 + 8 + 0 + 8 + 15 + 3 + 18 + 2 + 27 = 128												
Differenz	130 − 128 = 2												

Prüfziffer stimmt

Ihr Struktogramm zur ISBN-Prüfung:

ProConsult
IT-Lösungen

Programmierkonzepte:
OOP

Ausgangsszenario:

Die Geschäftsleitung der IT-Firma *ProConsult* möchte, dass die Kenntnisse im Bereich der objektorientierten Programmierung in den Entwicklungsabteilungen verbessert werden. Dazu soll eine kleine Schulung vorbereitet werden, die mit einem Test abschließt.

Aufgabenstellung:

Der Test ist bereits entwickelt worden. Als Auszubildender der Abteilung Desktop-Entwicklung erhalten Sie den Auftrag, eine Musterlösung zu den Fragen zu erstellen.

Test zu Grundlagen der objektorientierten Programmierung

ProConsult IT-Lösungen

Aufgabe 1: Übersetzen Sie den englischen Text zu Kernaussagen der OOP ins Deutsche:

OOP is a formal programming approach that combines data and associated actions (methods) into logical structures (objects). This approach improves the ability to manage software complexity — particularly important when developing and maintaining large applications and data structures.

Aufgabe 2: Welche Aussagen sind korrekt?

☐ Aus einer Klasse kann immer nur ein Objekt instanziiert werden.

☐ Eine Methode kann auch privat sein.

☐ Kapselung bedeutet, dass nur über Methoden auf Attribute zugegriffen werden kann.

☐ Bei der Vererbung werden nur die Methoden weitervererbt.

Aufgabe 3: Prüfen Sie den folgenden Text über Vererbung auf Korrektheit:

Die Vererbung ist eine wesentliche Eigenschaft der objektorientierten Programmierung. Wenn eine Klasse von einer anderen Klasse erbt, so kann sie sowohl Attribute als auch Methoden der Klasse nutzen, von der sie geerbt hat. Allerdings muss darauf geachtet werden, welchen Sichtbarkeitsbereich die Attribute oder Methoden haben (`private, public oder protected`). Die privaten Attribute oder Methoden können in der abgeleiteten Klasse nicht direkt, sondern müssen über entsprechende Methoden angesprochen werden. Attribute oder Methoden, die in dem Sichtbarkeitsbereich `protected` definiert sind, können in der abgeleiteten Klasse so angesprochen werden, als wären sie öffentlich – nach außen bleibt die Kapselung aber nicht bestehen und der Zugriff muss nicht über entsprechende Methoden erfolgen. Die einfache (lineare) Vererbung bedeutet, dass eine Klasse immer nur von einer Klasse erben kann. Die Mehrfachvererbung hingegen sieht vor, dass eine Klasse von beliebig vielen Klassen erben kann. Diese Art der Vererbung ist aber nicht in allen Programmiersprachen implementiert.

Programmierkonzepte:
OOP

Ausgangsszenario:

Die Abteilung Desktop-Entwicklung der IT-Firma *ProConsult* soll eine Anwendung zur Darstellung von geometrischen Grundformen (Kreis, Dreieck, …) entwickeln. Dazu hat ein Mitarbeiter ein erstes Konzept zum Aufbau der Klassen verfasst. Das Konzept ist programmiersprachenunabhängig in einer Pseudo-Code-Variante geschrieben. Bei der Umsetzung des Konzeptes in die Sprache Java stellte ein anderer Mitarbeiter fest, dass das Programm nicht korrekt arbeitet.

Aufgabenstellung:

Als erfahrener Auszubildender der Firma erhalten Sie den Auftrag, den Code zu analysieren und auf mögliche Fehler zu prüfen. Achten Sie dabei besonders auf das Konzept des Polymorphismus.

Aufbau einer Klassenhierarchie

ProConsult IT-Lösungen

```
Klasse Basisform
(

        privat:
            Bezeichnung:  STRING
        öffentlich:
            Konstruktor(STRING)
            Destruktor()
            ZeichneAufBildschirm()
)

Klasse Dreieck: erbt von Basisform
(

        privat:
            P1, P2, P3:  POINT

        öffentlich:
            Konstruktor()
            Konstruktor(STRING, POINT, POINT, POINT)
            Destruktor()
            ZeichneAufBildschirm (POINT, POINT, POINT)
)

Klasse Kreis: erbt von Basisform
(

        privat:
            P:  POINT
            R:  DOUBLE

        öffentlich:
            Konstruktor()
            Konstruktor(POINT)
            Destruktor()
            ZeichneAufBildschirm(POINT, DOUBLE)
)
```

```
Anwendung:

Basisform[1..5] Elemente
POINT P1(1,2), P2(4,7), P3(10,14)
Elemente[1] := Kreis("K1", P1, 10.5)
Elemente[2] := Kreis("K2", P2, 3.75)
Elemente[3] := Dreieck("D1", P1, P2, P3)
FÜR i := 1 BIS 3 mit Schrittweite 1
    Elemente[i].ZeichneAufBildschirm()
ENDE FÜR
```

Programmierkonzepte:
UML

Ausgangsszenario:

Die Abteilung Desktop-Entwicklung der IT-Firma *ProConsult* kam bei einem internen Meeting zu dem Schluss, dass es sinnvoll wäre, bestimmte Themen übersichtlich auf einem Plakat darzustellen.

Aufgabenstellung:

Als Praktikant in der Abteilung Desktop-Entwicklung erhalten Sie den Auftrag, für ein solches Plakat eine Mind-Map zu erstellen, die alle UML-Diagramme übersichtlich darstellt und einordnet.

Übersicht der UML-Diagramme:

*ProConsult
IT-Lösungen*

Folgende Begriffe sind für die Mind-Map zu verwenden:

Klassendiagramm	Objektdiagramm	Anwendungsfalldiagramm
Kompositionsstrukturdiagramm	Verteilungsdiagramm	Aktivitätsdiagramm
Strukturdiagramme	Interaktionsdiagramme	Verhaltensdiagramme
Komponentendiagramm	Zustandsdiagramm	Kommunikationsdiagramm
Sequenzdiagramm	Profildiagramm	Paketdiagramm

Ihre Mind-Map:

Programmierkonzepte:
UML-Klassendiagramm

Ausgangsszenario:

Die Abteilung Desktop-Entwicklung der IT-Firma *ProConsult* kam bei einem internen Meeting zu dem Schluss, dass es sinnvoll wäre, bestimmte Themen übersichtlich auf Plakaten darzustellen.

Aufgabenstellung:

Ein Mitarbeiter der Abteilung hat bereits mit dem Plakat begonnen und ein konkretes Beispiel sowie die wesentlichen Aspekte des Klassendiagramms zusammengetragen. Als erfahrener Auszubildender der Abteilung Desktop-Entwicklung erhalten Sie den Auftrag, das Plakat fertigzustellen, indem Sie die Begriffe in die entsprechenden Platzhalter eingetragen.

Übersicht Klassendiagramm:

ProConsult IT-Lösungen

Folgende Begriffe hat der Mitarbeiter notiert:

Assoziation	public	Aggregation	Multiplizitäten	
Vererbung	private	Komposition	Klassenname	Attribut
protected	Methode	Parameter	Datentyp	Rückgabedatentyp

Beispiel eines Klassendiagramms mit Platzhaltern für die Begriffe:

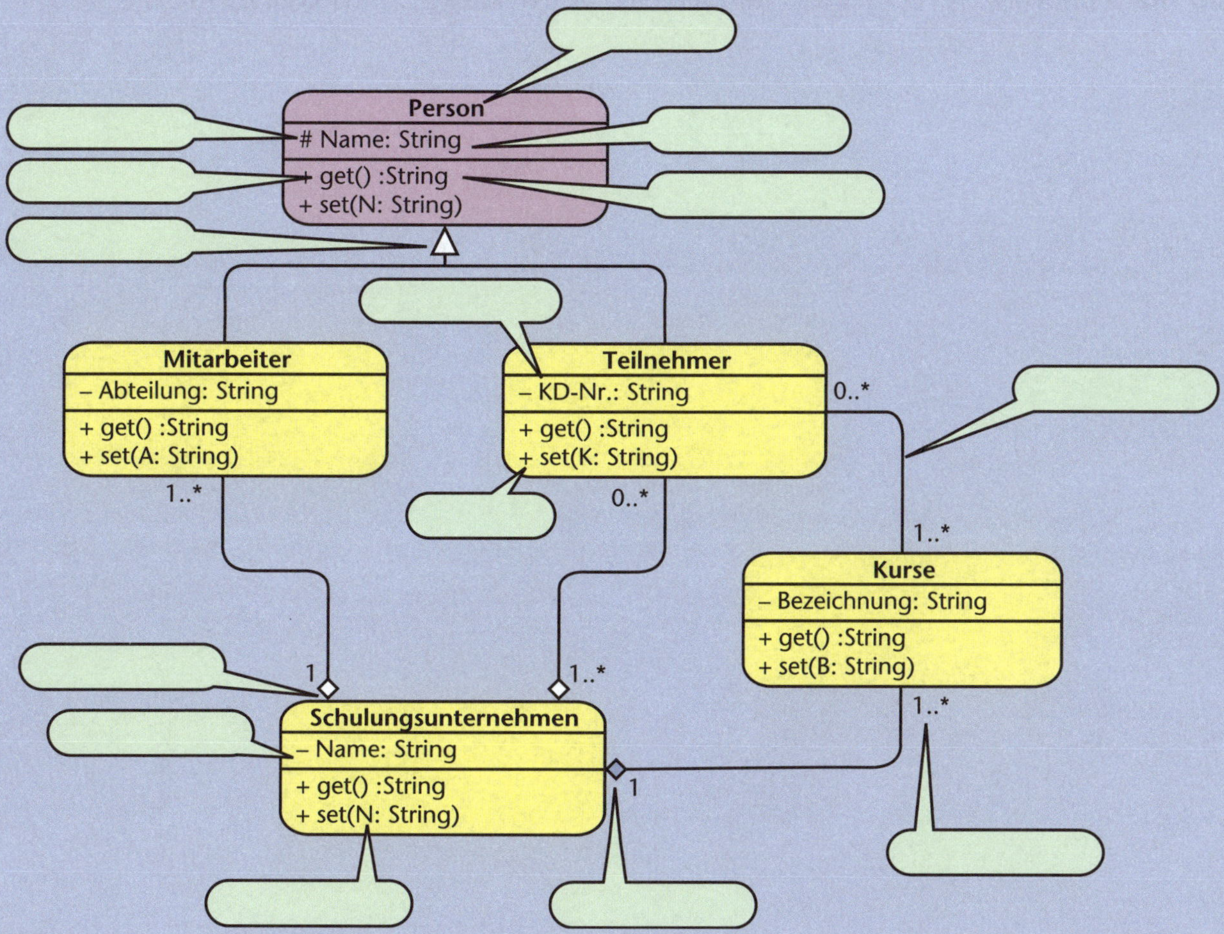

Person
Name: String
+ get() :String
+ set(N: String)

Mitarbeiter
– Abteilung: String
+ get() :String
+ set(A: String)
1..*

Teilnehmer
– KD-Nr.: String
+ get() :String
+ set(K: String)
0..*   0..*

Kurse
– Bezeichnung: String
+ get() :String
+ set(B: String)
1..*   1..*

Schulungsunternehmen
– Name: String
+ get() :String
+ set(N: String)
1   1..*   1

Programmierkonzepte: UML-Klassendiagramm

Ausgangsszenario:

Die Abteilung Desktop-Entwicklung der IT-Firma *ProConsult* erhält den internen Auftrag, ein Softwaresystem für die Abbildung der Firmenstruktur zu entwickeln.

Aufgabenstellung:

Als erfahrenerer Auszubildender der Abteilung Desktop-Entwicklung erhalten Sie den Auftrag, die Grundlage dieses Systems mithilfe eines Klassendiagramms zu entwerfen. Die Anforderungen werden dabei von der Firmenleitung vorgegeben.

Anforderungen an die Software

ProConsult IT-Lösungen

Das Softwaresystem soll die Firma komplett abbilden. Die Firma besteht aus verschiedenen Abteilungen, denen die Mitarbeiter fest zugeordnet sind. In der Firma werden zwei Arten von Projekten unterschieden: interne und externe Projekte. Die internen Projekte sind genau einer Abteilung und beliebig vielen Mitarbeitern zugeordnet. Die externen Projekte sind genau einem Kunden und ebenso beliebig vielen Mitarbeiter zugeordnet. Zum Fuhrpark der Firma gehören verschiedene Fahrzeuge, die von den Mitarbeitern ausgeliehen werden können. Alle Ressourcen der Firma sollen ebenfalls zentral erfasst werden. Die Ressourcen sind dabei immer einer Abteilung zugeordnet.

Ihr Diagramm (pro Klasse ist ein exemplarisches Attribut mit entsprechenden get/set-Methoden ausreichend):

Programmierkonzepte:
UML-Anwendungsfalldiagramm

Ausgangsszenario:

Die Firmenleitung der IT-Firma *ProConsult* möchte die Beziehungen zu ihren Kunden verbessern. Dazu soll eine Software entwickelt werden, die verschiedene Aspekte wie beispielsweise die Beratung der Kunden umsetzt. In einem ersten Schritt sollen die Anforderungen an die Software formuliert werden.

Aufgabenstellung:

Ein Mitarbeiter der Abteilung Desktop-Entwicklung hat bereits eine Anforderung in Form eines Anwendungsfalldiagramms entwickelt. Allerdings fehlen noch einige Komponenten. Als erfahrener Auszubildender der Abteilung erhalten Sie den Auftrag, dieses Diagramm fertigzustellen.

Erste Fassung des Anwendungsfalldiagramms:

ProConsult IT-Lösungen

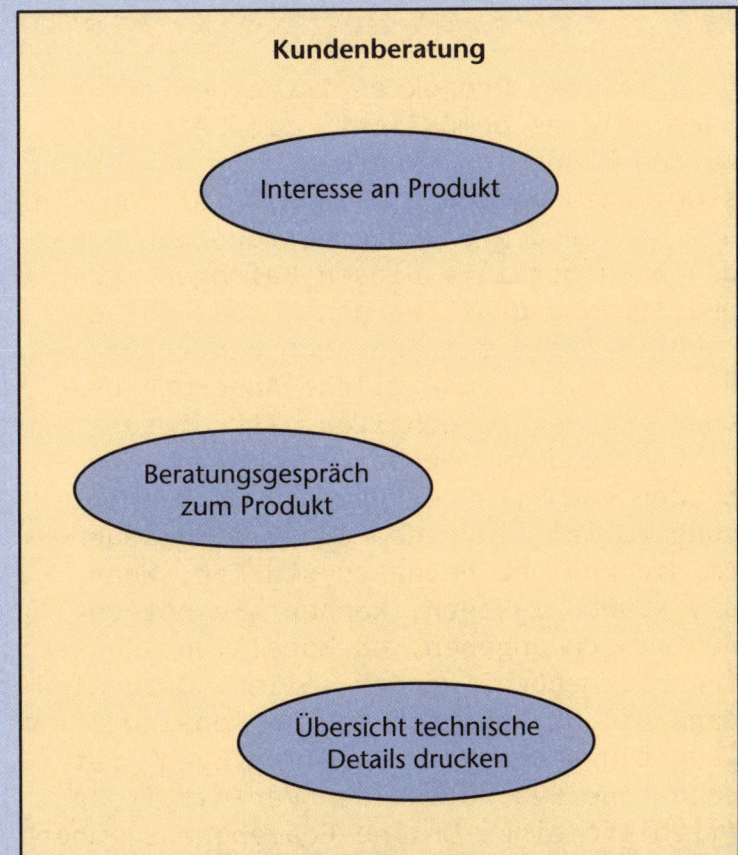

Folgende Beziehungen sind noch zu ergänzen:

- Vererbung
- <<include>>-Beziehung
- <<extend>>-Beziehung mit Bedingung
- Assoziationen

Programmierkonzepte:
UML-Anwendungsfalldiagramm

Ausgangsszenario:

Die Firmenleitung der IT-Firma *ProConsult* möchte die Beziehungen zu ihren Kunden verbessern. Dazu soll eine entsprechende Software entwickelt werden, die verschiedene Aspekte umsetzt. In einem ersten Schritt sollen die Anforderungen an die Software formuliert werden.

Aufgabenstellung:

Als erfahrener Auszubildender der Abteilung haben Sie bereits Erfahrungen in der Umsetzung von Anforderungen in Form eines Anwendungsfalldiagramms gesammelt. Deshalb erhalten Sie den Auftrag, ein Anwendungsfalldiagramm für die unten stehenden Anforderungen zu entwickeln.

Anforderungen Software Kundenbeziehungen

ProConsult IT-Lösungen

Das Ziel des Projektes ist eine Software, die es ermöglicht, die Beziehungen zu den Kunden zu pflegen und zu verbessern. Dazu sollen die Kunden telefonisch befragt werden und die bestehenden Kundendaten mithilfe dieser Befragung geprüft und ergänzt werden. Dabei ist es wichtig, ob die Kunden ihr Einverständnis geben, um zusätzliche Angebote oder auch Werbung zu erhalten. Ist dieses Einverständnis gegeben, so werden die Kunden von Mitarbeitern der Werbeabteilung gezielt zu einem Event eingeladen, um die Kundenbindung zu stärken. Wenn die Kunden zusagen, können sie optional den Wunsch angeben, ob Hotels und Reise für sie gebucht werden sollen. Dazu wird dann ein Mitarbeiter der Personalabteilung eingeschaltet. Nach dem Event ist dann eine Evaluation der Veranstaltung (mithilfe eines Online-Fragebogens) über die Mitarbeiter der Werbeabteilung zwingend vorgesehen.

Ihr Anwendungsfalldiagramm:

ProConsult
IT-Lösungen

Programmierkonzepte:
UML-Sequenzdiagramm

Ausgangsszenario:

Die Abteilung Desktop-Entwicklung der IT-Firma *ProConsult* muss eine bestehende Software überarbeiten. Der Datenbankzugriff muss aktualisiert werden. Dazu hat ein Mitarbeiter der Abteilung ein Sequenzdiagramm erstellt, um den Ablauf der Botschaften zwischen den beteiligten Objekten zu visualisieren.

Aufgabenstellung:

Der Abteilungsleiter ist mit dem Sequenzdiagramm nicht ganz zufrieden. Er bemängelt, dass die eigentliche Abfrage der Datenbank ein kritischer Prozess ist, der in dem Sequenzdiagramm auch so gekennzeichnet werden muss. Außerdem soll der Prozess der Abfrage solange wiederholt werden, bis das DB-Objekt mit der Ergebnismenge einverstanden ist. Ebenso fehlt auch die Antwort des Abfrage-Objektes mit der Ergebnismenge.

Als erfahrener Auszubildender der Abteilung Desktop-Entwicklung erhalten Sie den Auftrag, das Sequenzdiagramm entsprechend zu modifizieren.

Das Sequenzdiagramm:

ProConsult IT-Lösungen

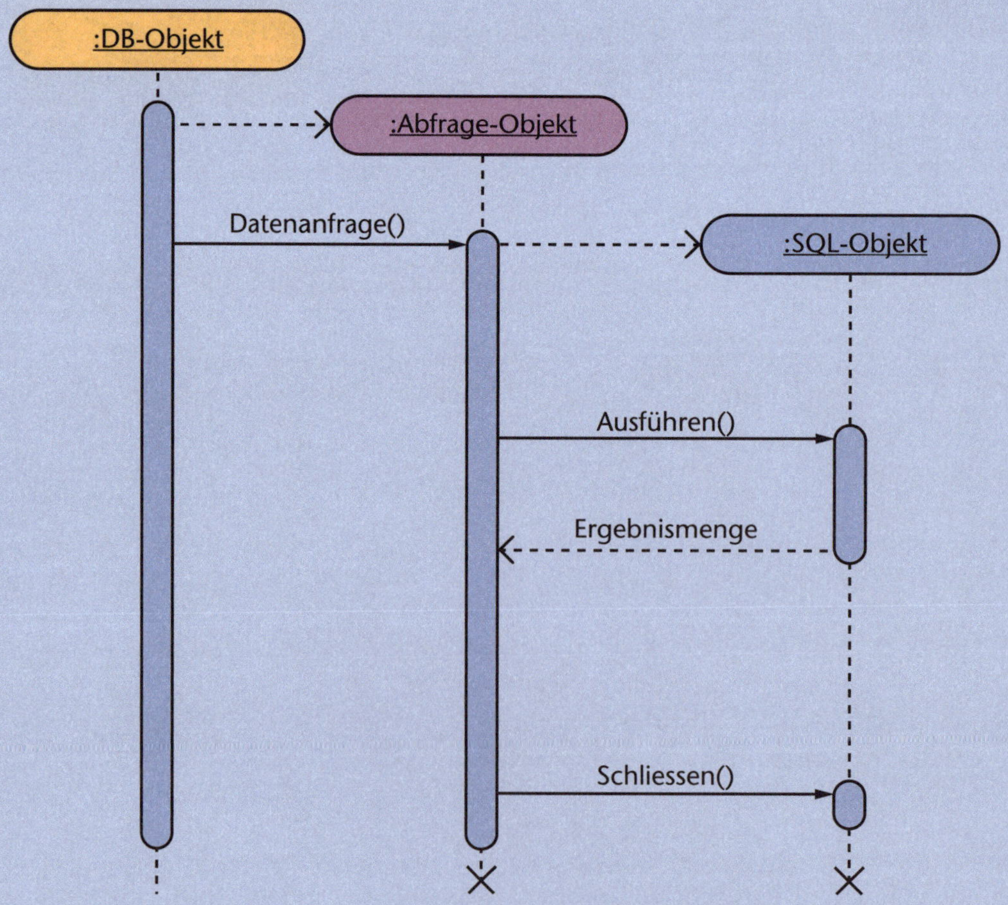

```
:DB-Objekt

         ----> :Abfrage-Objekt

   Datenanfrage()
         ---------> :SQL-Objekt

                    Ausführen()
                        ------>

                    Ergebnismenge
                        <------

                    Schliessen()
                        ------>
            X              X
```

Programmierkonzepte:
UML-Sequenzdiagramm

Ausgangsszenario:

Die Abteilung Desktop-Entwicklung der IT-Firma *ProConsult* muss eine bestehende Software überarbeiten. Dabei soll auch der Anmeldeprozess für die Kunden aktualisiert werden.

Aufgabenstellung:

Als erfahrenerer Auszubildender der Abteilung Desktop-Entwicklung erhalten Sie den Auftrag, ein Sequenzdiagramm zum Anmeldeprozess zu erstellen. Die Abteilungsleitung hat dazu die Rahmenbedingungen aufgeschrieben.

Rahmenbedingungen Anmeldeprozess

ProConsult IT-Lösungen

Der Kunde kann sich am Softwaresystem „ProConsult-CRM" online anmelden.
Nach der erfolgreichen Prüfung von Anmeldenamen und Passwort erhält er die
Berechtigung zum Zutritt in den Kundenbereich. Ein Kunde hat maximal 3 Anmeldeversuche, danach
wird die Anmeldung für 24 Stunden gesperrt und der Kunde bekommt eine entsprechende Mitteilung.
Die Anmeldedaten sowie die 24-Stunden-Sperrung werden in einer Datenbank verwaltet.

Ihr Sequenzdiagramm:

Programmierkonzepte:
UML-Aktivitätsdiagramm

Ausgangsszenario:

Die Abteilung Desktop-Entwicklung der IT-Firma *ProConsult* führt regelmäßig Schulungen für Kunden durch. Die Planung dieser Schulungen wird von der Vertriebsabteilung durchgeführt. Für den Ablauf wurde vor einiger Zeit ein Programmablaufplan erstellt. Durch den verstärkten Einsatz von UML sollen diese Pläne in entsprechende UML-Diagramme überführt werden.

Aufgabenstellung:

Als erfahrenerer Auszubildender der Abteilung Desktop-Entwicklung erhalten Sie den Auftrag, den gegebenen Programmablaufplan zu analysieren und ein UML-Aktivitätsdiagramm daraus zu entwickeln. Zusätzlich erhalten Sie weitere Informationen aus der Vertriebsabteilung.

Ablauf Schulungen für Kunden

ProConsult IT-Lösungen

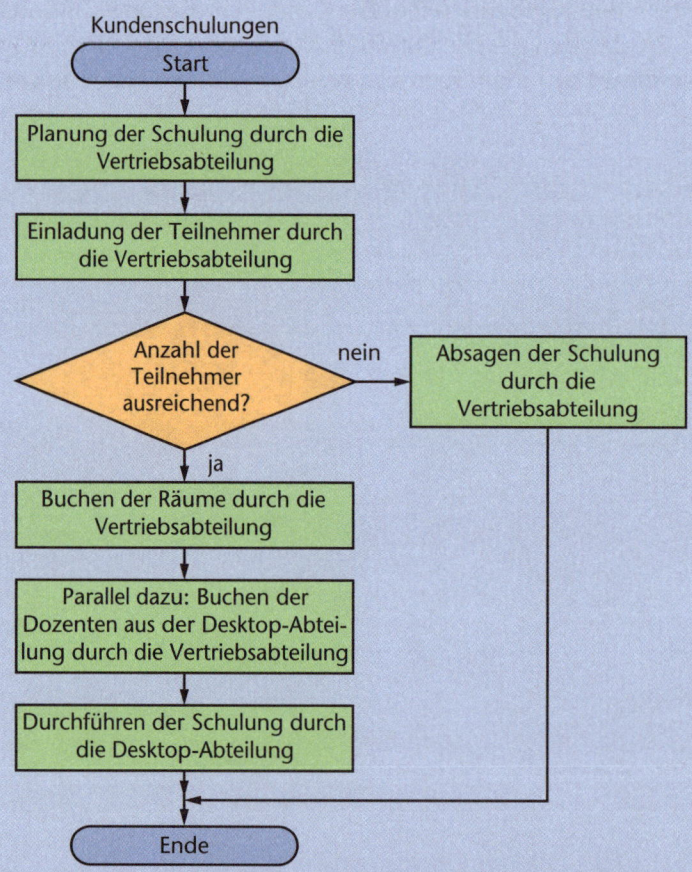

Weitere Informationen:

- Das Buchen der Dozenten und der Räume sollte parallel dargestellt werden.
- Die Aktionen sollten in entsprechenden Verantwortungsbereichen (Schwimmbahnen) dargestellt werden.

Ihr Aktivitätsdiagramm:

ProConsult
IT-Lösungen

Programmierkonzepte:
UML-Aktivitätsdiagramm

Ausgangsszenario:

Die Geschäftsleitung der IT-Firma *ProConsult* hat einen sehr leistungsfähigen Farblaserdrucker gekauft. Dieser Drucker wird zentral aufgestellt und kann von allen Abteilungen angesteuert werden. Allerdings hat die Geschäftsleitung beschlossen, dass Druckaufträge mit Prioritäten versehen werden, die auf dem Druckerserver nach bestimmten Kriterien gesetzt werden. Die Logik für die Prioritäten soll mithilfe eines Aktivitätsdiagramms dargestellt werden.

Aufgabenstellung:

Als erfahrenerer Auszubildender der Abteilung Desktop-Entwicklung erhalten Sie den Auftrag, das UML-Aktivitätsdiagramm entsprechend der unten stehenden Vorgaben der Geschäftsleitung zu entwickeln.

Prioritäten Druckaufträge

ProConsult IT-Lösungen

Vorgaben der Geschäftsleitung:

Alle Abteilungen können Druckaufträge senden. Diese Druckaufträge werden in einem Array auf dem Druckerserver gesammelt.

– Aufträge der Geschäftsleitung haben die Priorität 1.

– Aufträge der Vertriebsabteilung haben die Priorität 2, wenn sie Vertragsdaten enthalten die Priorität 1.

– Aufträge aller anderen Abteilungen haben die Priorität 3, wenn sie Vertragsdaten enthalten die Priorität 2.

Nach dem Setzen der Prioritäten wird das Druckauftragsarray abgearbeitet und alle Aufträge werden hintereinander entsprechend der Priorität ausgedruckt.

Zum Ausdrucken werden die Aufträge über eine entsprechende Schnittstelle an den Drucker gesendet.

Ihr Aktivitätsdiagramm:

Programmierkonzepte:
UML-Objektdiagramm

Ausgangsszenario:

Im Rahmen einer Anpassung der firmeneigenen Software zur Kundenverwaltung wurden bereits einige UML-Diagramme entwickelt. Dazu gehört auch ein Klassendiagramm, das Kunden, Mitarbeiter und Aufträge sowie deren Beziehungen darstellt. Als nächster Schritt soll nun ein Objektdiagramm entworfen werden, das ein Abbild konkreter Objekte im Speicher darstellt.

Aufgabenstellung:

Als erfahrenerer Auszubildender der Abteilung Desktop-Entwicklung erhalten Sie den Auftrag, ein Objektdiagramm zu dem gegebenen Klassendiagramm zu entwickeln.

Klassendiagramm: Kunde, Mitarbeiter, Auftrag

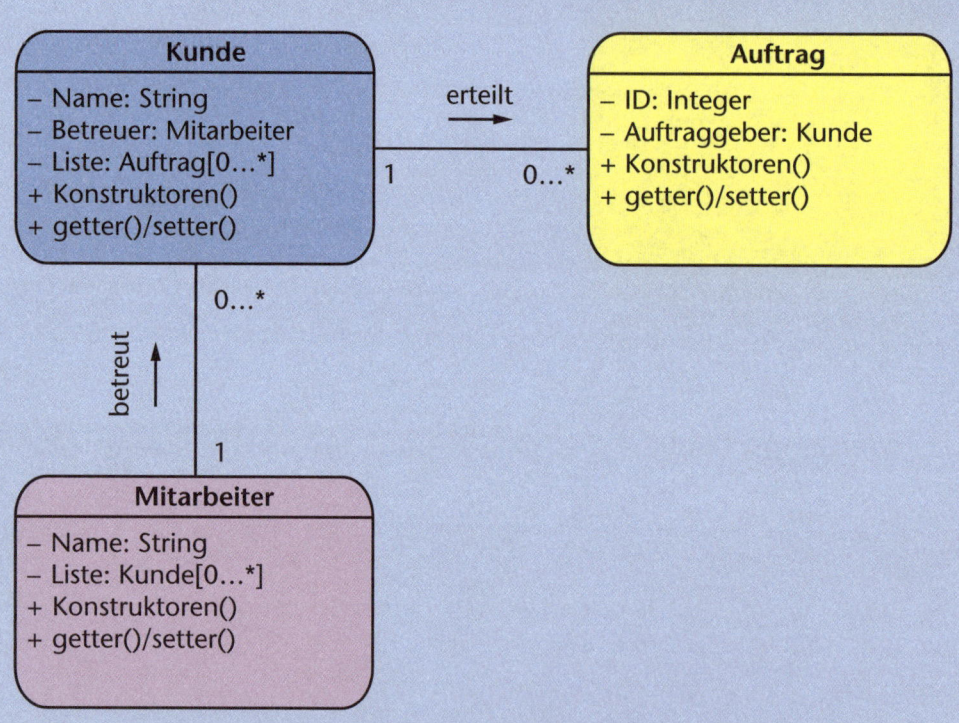

Gehen Sie bei der Entwicklung des Objektdiagramms von folgendem Szenario aus:

Der Mitarbeiter m1 betreut die Kunden k1 und k2. Kunde k1 erteilt drei Aufträge a1, a2 und a3. Kunde k2 erteilt zwei Aufträge b1 und b2. Füllen Sie dabei die Attribute mit geeigneten Werten.

Ihr Objektdiagramm:

Programmierkonzepte:
UML-Paketdiagramm

Ausgangsszenario:

Im Rahmen einer Anpassung der firmeneigenen Software zur Kundenverwaltung wurden bereits einige UML-Diagramme entwickelt. Für den speziellen Bereich der Rechnungserstellung soll nun ein Paketdiagramm entwickelt werden, welches das Zusammenspiel der verschiedenen Module darstellen soll.

Aufgabenstellung:

Als erfahrenerer Auszubildender der Abteilung Desktop-Entwicklung erhalten Sie den Auftrag, ein Paketdiagramm zu den unten beschriebenen Modulen zu entwickeln.

Modulbeschreibung:

Die einzelnen Funktionalitäten der Software sind in Module (Pakete) unterteilt. In einem Basismodul sind Klassen für grundlegende Anforderungen implementiert mit Funktionalitäten wie *„Mehrwertsteuer berechnen"* oder *„Teilsummen bestimmen"*. Das Modul zur Rechnungserstellung beinhaltet dieses Basismodul. Zusätzlich hat das Rechnungserstellungs-Modul auch Zugriff auf das Datenbank-Modul, welches wiederum Zugriff auf das SQL-Modul hat, um Funktionen wie *„UPDATE"* und *„INSERT"* zu benutzen, die in einer entsprechenden Klasse angeboten werden. Allerdings soll der Zugriff auf diese SQL-Funktionen nur dem Datenbank-Modul und nicht dem Rechnungserstellungs-Modul möglich sein.

Ihr Paketdiagramm:

Programmierkonzepte:
UML-Zustandsdiagramm

Ausgangsszenario:

Die Abteilung Web-Entwicklung möchte den Kunden einen Web-Service zu Verfügung stellen, der statistische Auswertungen durchführen kann. In einem ersten Schritt soll dieser Web-Service mithilfe eines UML-Zustandsdiagramms dargestellt werden.

Aufgabenstellung:

Als erfahrenerer Auszubildender der Abteilung Web-Entwicklung erhalten Sie den Auftrag, ein Zustandsdiagramm zu den unten beschriebenen Vorgaben zu entwickeln.

Vorgaben Web-Service:

ProConsult IT-Lösungen

Der Web-Service soll in einer Warteschleife bereitstehen, um auf Anfragen der Kunden reagieren zu können. Nach einer Kundenanfrage geht der Web-Service in den Bearbeitungsmodus und nach abgeschlossener Bearbeitung erfolgt die Sendung der Daten an den Kunden. Ist die Sendung erfolgreich, so geht der Web-Service wieder in die Warteschleife. Tritt ein Übermittlungsproblem auf, so wird die Sendung wiederholt. Bei einem schweren Systemfehler während der Sendung muss der Web-Service in den Wartungs-Modus wechseln und keine weiteren Anfragen sind zugelassen.

Ihr Zustandsdiagramm:

Programmierkonzepte:
UML-Zeitverlaufsdiagramm

Ausgangsszenario:

Die Abteilung Web-Entwicklung möchte den Kunden einen Web-Service zu Verfügung stellen, der statistische Auswertungen durchführen kann. In einem ersten Schritt wurde der Web-Service mithilfe eines UML-Zustandsdiagramms dargestellt. Nun soll ein Zeitverlaufsdiagramm angefertigt werden, welches die Zustände und Nachrichten zwischen Kunde und Web-Service in einen zeitlichen Ablauf bringt.

Aufgabenstellung:

Als erfahrenerer Auszubildender der Abteilung Web-Entwicklung erhalten Sie den Auftrag, das Zeitverlaufsdiagramm zu den unten beschriebenen Vorgaben weiter zu entwickeln.

Vorgaben zeitlicher Verlauf Web-Service:

ProConsult IT-Lösungen

Nach der Anfrage des Kunden braucht der Web-Service im Durchschnitt 100 ms, um die Bearbeitung abzuschließen. Das Senden der Antwort braucht im Durchschnitt 50 ms. Eine Vorlage des Diagramms ist bereits vorhanden.

Ergänzen Sie das Zeitverlaufsdiagramm:

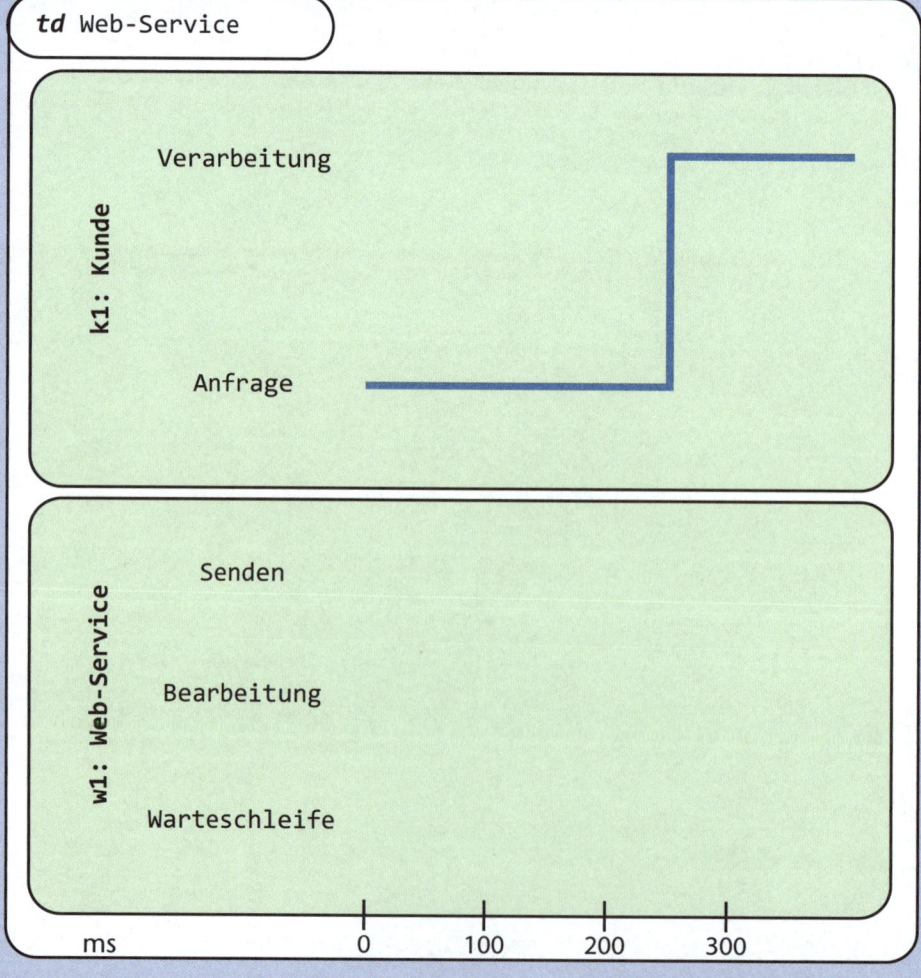

Programmierkonzepte:
Software-Architektur allgemein

Ausgangsszenario:

Die Geschäftsleitung der IT-Firma *ProConsult* möchte, dass die Kenntnisse in der Software-Architektur in den Entwicklungsabteilungen verbessert werden. Dazu soll eine kleine Schulung vorbereitet werden, die mit einem Test abschließt.

Aufgabenstellung:

Der Test ist bereits entwickelt worden. Entwerfen Sie eine Musterlösung zu den Fragen.

Test zu Grundlagen der Software-Architektur

ProConsult IT-Lösungen

Aufgabe 1: Übersetzen Sie die folgende Definition der Software-Architektur (nach ISO / IEC / IEEE 42010) ins Deutsche.

Architecture: fundamental concepts or properties of a system in its environment embodied in its elements, relationships, and in the principles of its design and evolution.

Aufgabe 2: Erläutern Sie kurz den Unterschied zwischen Architektur-Mustern und Entwurfsmustern.

Aufgabe 3: Ordnen Sie die folgenden Architektur-Muster den entsprechenden Kategorien zu.

Schichtenarchitektur　　　*Client-Server-Architektur*　　　*MVC*
Serviceorientierte Architektur　　*Model-View-Presenter*　　　*Reflexion*

Adaptive Systeme	Interaktive Systeme	Strukturierte Systeme	Verteilte Systeme

Programmierkonzepte:
MVC

Ausgangsszenario:

Die Geschäftsleitung der IT-Firma *ProConsult* möchte, dass die Kenntnisse in der Software-Architektur in den Entwicklungsabteilungen verbessert werden. Dazu zählt auch die Model-View-Controller-Architektur. Das Konzept dieser Architektur soll durch UML-Diagramme veranschaulicht werden.

Aufgabenstellung:

Als erfahrenerer Auszubildender der Abteilung Desktop-Entwicklung erhalten Sie den Auftrag, das Konzept der Architektur anhand der untenstehenden Beschreibung mithilfe eines Sequenzdiagramms zu visualisieren.

Beschreibung MVC:

ProConsult IT-Lösungen

Model View Controller (MVC) ist ein Architektur-Muster, welches das Softwaresystem in drei Komponenten unterteilt (Model, View und Controller). Dadurch sollen Erweiterungen des Systems einfacher sein und die Wiederverwendbarkeit erhöht werden.

Model (Modell):
Das Model verwaltet die Daten und bietet Methoden, um auf die Daten zuzugreifen. Das Model kennt weder View noch Controller.

View (Präsentation):
Die View-Klasse präsentiert die Daten des Models. Benutzereingaben werden über die View an den Controller weitergeleitet. Die View-Klasse kennt das Model und den Controller.

Controller (Steuerung):
Der Controller verwaltet sowohl Model als auch View. Bei Benutzereingaben wird der Controller von der View informiert und sorgt dann für eventuelle Aktualisierung der Daten im Model. Auf Benachrichtigung des Controllers holt die View die aktuellen Daten vom Model und passt die Präsentation an.

Ihr MVC-Sequenzdiagramm:

Programmierkonzepte:
Entwurfsmuster Observer

Ausgangsszenario:

Die Geschäftsleitung der IT-Firma *ProConsult* möchte, dass die Kenntnisse über Software-Architektur in den Entwicklungsabteilungen verbessert werden. Dazu zählen auch die Kenntnisse zu Entwurfsmustern. Ein wichtiges Entwurfsmuster ist das Observer-Muster (Beobachter-Muster). Um das Konzept dieses Musters zu veranschaulichen, sollen UML-Diagramme eingesetzt werden.

Aufgabenstellung:

Als erfahrenerer Auszubildender der Abteilung Desktop-Entwicklung erhalten Sie den Auftrag, das Konzept des Musters anhand der untenstehenden Beschreibung mithilfe eines Klassendiagramms zu visualisieren.

Beschreibung Observer-Muster:

ProConsult IT-Lösungen

Das Observer-Muster (Beobachter-Muster) dient dazu, dass ein Subjekt von beliebig vielen Objekten beobachtet wird. Diese Beobachter werden automatisch benachrichtigt, wenn sich der Zustand des Subjektes verändert hat. Dazu verwaltet das Subjekt eine Liste von Beobachtern, die sich beim Subjekt anmelden und auch abmelden können. Mithilfe einer Benachrichtigungsfunktion werden alle Beobachter gleichzeitig über Veränderungen informiert. Das hat den großen Vorteil, dass die Beobachter nicht selbst in regelmäßigen Abständen nach Veränderungen fragen müssen, sondern auf die Benachrichtigung warten können. Nach der Benachrichtigung fragen die Beobachter die neuen Daten über geeignete Methoden beim Subjekt ab.

Sowohl vom Subjekt als auch von Beobachtern sollen Interfaces angelegt werden, die dann von den konkreten Subjekten und Beobachtern implementiert werden müssen. Für das Subjekt-Interface werden die Methoden Anmelden(Beobachter), Abmelden(Beobachter) und Benachrichtigen() vorgeschlagen. Das Subjekt selbst muss diese Methoden implementieren und zusätzlich geeignete Attribute und Methoden für die Daten bereithalten. Das Beobachter-Interface soll über die Methode Aktualisieren() verfügen, die auf die Benachrichtigung reagiert. Der Beobachter selbst muss über einen Verweis auf das Subjekt verfügen, um nach der Benachrichtigung die Daten abzufragen.

Ihr Observer-Klassendiagramm:

Programmierkonzepte:
Entwurfsmuster Singleton

Ausgangsszenario:

Die Geschäftsleitung der IT-Firma *ProConsult* möchte, dass alle Anwendungen, die auf den zentralen Drucker zugreifen, über genau ein Drucker-Objekt gesteuert werden. Damit sichergestellt ist, dass immer nur genau dieses Objekt verwendet wird, soll das Singleton-Entwurfsmuster für die Implementierung der Drucker-Klasse eingesetzt werden. Ein Mitarbeiter der Abteilung Desktop-Entwicklung hat dazu einen Prototyp in der Sprache Java verfasst. In einem Test zeigte sich, dass dieser Prototyp aber nicht den Anforderungen des Singleton-Entwurfsmusters entspricht.

Aufgabenstellung:

Als erfahrenerer Auszubildender der Abteilung Desktop-Entwicklung erhalten Sie den Auftrag, den Prototyp zu analysieren und gegebenenfalls zu korrigieren.

Beschreibung Singleton-Muster:

ProConsult
IT-Lösungen

Das Singleton-Muster soll sicherstellen, dass nur genau ein Objekt von der Klasse instanziiert werden kann. Über eine geeignete Klassenmethode kann das Objekt global zu Verfügung gestellt werden.

Der vorhandene Singleton-Prototyp:

```java
public class SingletonPrototyp {



    public SingletonPrototyp globaleInstanz = null;

    public SingletonPrototyp () {

    }


    public static SingletonPrototyp getInstanz () {


        globaleInstanz = new SingletonPrototyp ();
        return globaleInstanz;
    }
}
```

Belegsatz: Notationen zu den Konzepten/Diagrammen und Syntax-Auszüge

ER-Diagramm – Notation nach Chen

Komponente	Notation	Beispiel
Entitätstyp Fasst gleichartige Objekte (Entitäten) zu einem Typ zusammen	Entitätstyp	Kunde Artikel
Beziehung Beschreibt eine Beziehung zwischen zwei Entitätstypen	Beziehung	Kunde — bestellt — Artikel
Attribut Eigenschaften des Entitätstypen	Attribut	Name Kunde Telefon
Kardinalität Die Kardinalitäten legen fest, wie viele Entitäten von einem Typ mit wie vielen Entitäten des anderen Typs in Beziehung stehen.	1 : 1 1 : n n : 1 n : m	Kunde — 1 hat n — Rechnung **Lesart:** Ein Kunde bekommt keine bis beliebig viele (n) Rechnungen. Eine Rechnung gehört genau zu einem (1) Kunden.

ER-Diagramm – Martin-Notation (Krähenfußnotation) für die Kardinalitäten

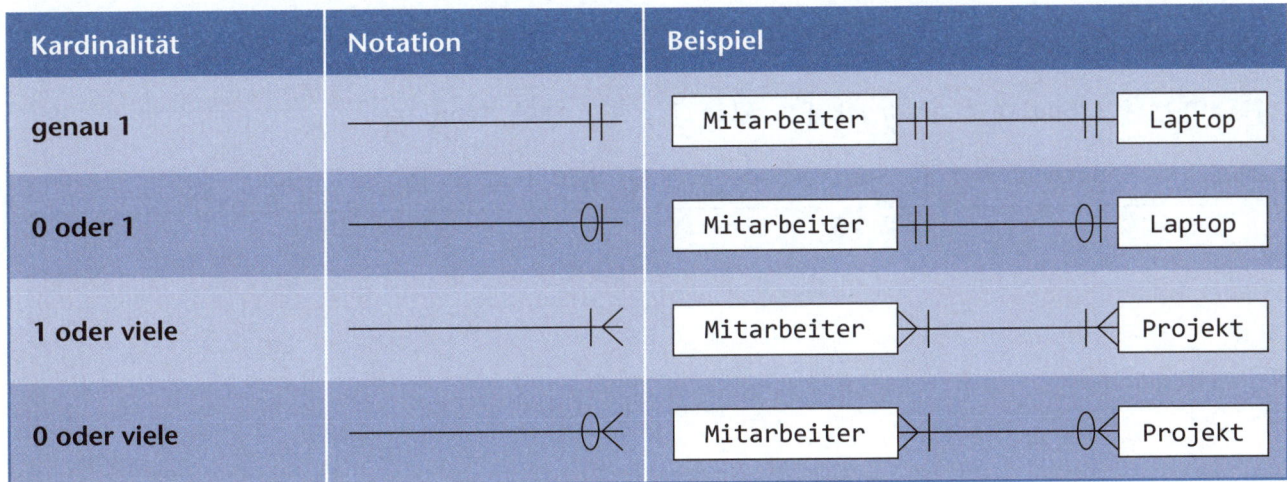

Kardinalität	Notation	Beispiel
genau 1		Mitarbeiter — Laptop
0 oder 1		Mitarbeiter — Laptop
1 oder viele		Mitarbeiter — Projekt
0 oder viele		Mitarbeiter — Projekt

Definitionen der ersten drei Normalformen

Erste Normalform:

Die Relation darf nur atomare Werte und keine Wiederholungsgruppen haben.

Zweite Normalform:

Die Relation muss in der 1. Normalform sein und alle Nicht-Schlüsselattribute müssen voll funktional vom gesamten Primärschlüssel abhängen.

Dritte Normalform:

Die Relation muss in der 2. Normalform sein und kein Nicht-Schlüsselattribut darf transitiv über ein anderes Nicht-Schlüsselattribut vom Primärschlüssel abhängen.

SQL-Syntax (Auszüge)

Syntax-Legende:

Symbol	Bedeutung
*	Alle Spalten wählen
|	Entweder oder
[...]	Optional
{...}	Zusammengehörige Elemente

```
Daten selektieren mit der SELECT-Anweisung:

SELECT [ DISTINCT ] * | { Spalte | Ausdruck [AS Alias] , … } FROM Tabelle;


Sortieren mit ORDER-BY:

SELECT * | { Spalte | Ausdruck [AS Alias] , … } FROM Tabelle

ORDER BY Spaltenname_1 [, Spaltenname_2, …] [ ASC | DESC ];
```

Tabellen erstellen mit `CREATE TABLE`:

```
CREATE TABLE Tabelle
(
    Spaltenname_1 DATENTYP_1 [Regel_1],
    Spaltenname_2 DATENTYP_2 [Regel_2],
    :
    :
    Spaltenname_N DATENTYP_N [Regel_N]
);
```

Datentypen	Beschreibung
VARCHAR	Speicherung von Zeichenketten
INTEGER	Speicherung von ganzzahligen Werten
DECIMAL	Speicherung von Dezimalwerten
DATE	Speicherung von Datumsangaben
TIMESTAMP	Speicherung eines Zeitstempels

Regeln	Beschreibung
PRIMARY KEY	Kennzeichnet den Primärschlüssel.
FOREIGN KEY REFERENCES *Tabelle (PK-Spalte)*	Kennzeichnet einen Fremdschlüssel mit der Referenz auf den Primärschlüssel (PK-Spalte) der eigenen oder einer anderen Tabelle.
NOT NULL	Damit sind keine Nullwerte in der Spalte erlaubt.

Zeilen einfügen mit `INSERT`:

```
INSERT INTO Tabelle [(Spaltenname_1, Spaltenname_2,…)]
VALUES (Wert_1, Wert_2,…);
```

Views erstellen mit `CREATE VIEW`:

```
CREATE VIEW Name AS
SELECT * | { Spalte | Ausdruck [AS Alias] , … } FROM Tabelle;
```

Tabellen zusammenführen mit Joins:

```
SELECT * | { … }
FROM Tabelle_1 [LEFT OUTER | RIGHT OUTER | FULL OUTER] JOIN Tabelle_2
ON Bedingung;
```

Gruppierungen mit `GROUP BY`:

`SELECT` * | { … }

`FROM` Tabelle

`GROUP BY` Spaltenname_1 [, Spaltenname_2, …];

Aggregatfunktionen:

`COUNT` (*|Spaltenname)	Ermittelt entweder die Anzahl aller Datensätze oder die Anzahl der `NOT-NULL`-Werte in der angegebenen Spalte
`SUM` (Spaltenname)	Bestimmt die Summe der Werte in der angegebenen Spalte
`AVG` (Spaltenname)	Bestimmt das arithmetische Mittel der Spaltenwerte
`MIN` (Spaltenname)	Bestimmt das Minimum der Werte in der angegebenen Spalte
`MAX` (Spaltenname)	Bestimmt das Maximum der Werte in der angegebenen Spalte

---

Weitere Funktionen und Operatoren:

`DATEDIFF` (Datum_1, Datum_2)	Ermittelt die Differenz in Tagen zwischen zwei Datumsangaben
`LIKE`-Operator	Vergleicht Zeichenketten mit einem Muster. Das Muster kann Platzhalter enthalten, wie z. B: ‚%' für eine beliebige Anzahl von Zeichen.
`NOT`-Operator	Logische Negation
`AND`-Operator	Logische UND-Verknüpfung
`OR`-Operator	Logische ODER-Verknüpfung

Symbole Programmablaufplan nach DIN 66001

Symbol	Beschreibung
START / ENDE	Jeder Programmablaufplan braucht einen START und ein ENDE. Alle Zweige müssen zum Schluss bei dem ENDE-Symbol ankommen.
Operation	Eine Anweisung oder Operation (beispielsweise eine Zuweisung)
Ein/Ausgabe	Eine Eingabe über die Tastatur oder andere externe Geräte oder eine Ausgabe auf dem Bildschirm oder anderen externen Geräten.

Symbol	Beschreibung
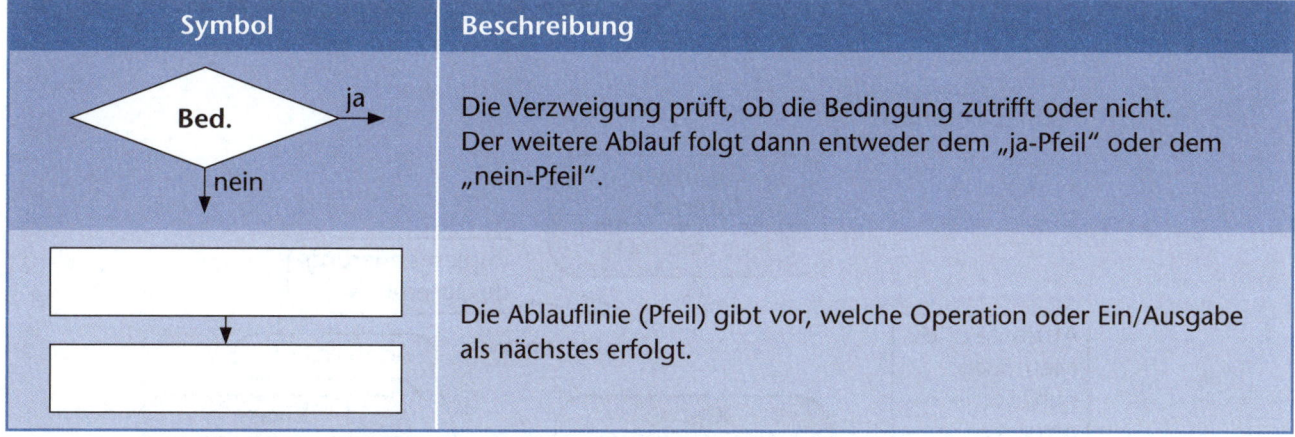	Die Verzweigung prüft, ob die Bedingung zutrifft oder nicht. Der weitere Ablauf folgt dann entweder dem „ja-Pfeil" oder dem „nein-Pfeil".
	Die Ablauflinie (Pfeil) gibt vor, welche Operation oder Ein/Ausgabe als nächstes erfolgt.

Symbole Struktogramm nach DIN 66261

Symbol	Beschreibung
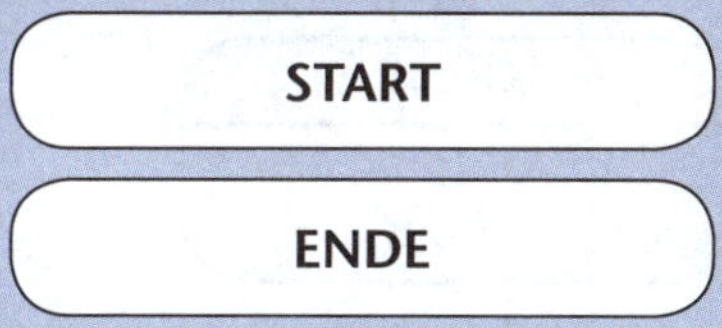 START ENDE	Jedes Struktogramm braucht einen START und ein ENDE.
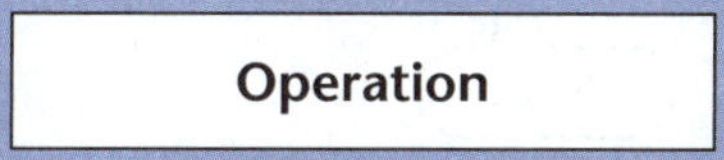 Operation	Eine Anweisung oder Operation (beispielsweise eine Zuweisung)
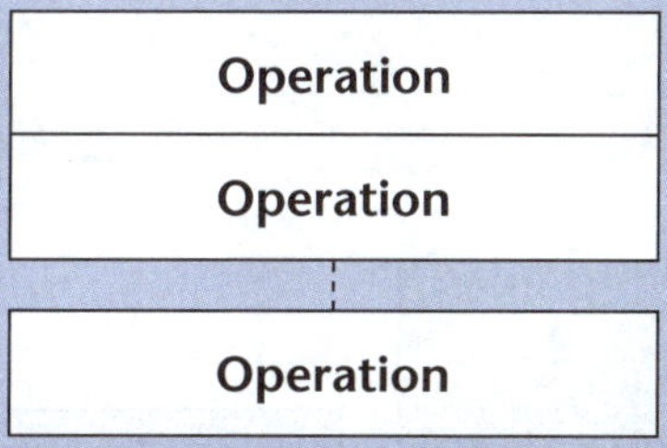 Operation Operation … Operation	Eine Sequenz ist eine Folge von Anweisungen oder Operationen.
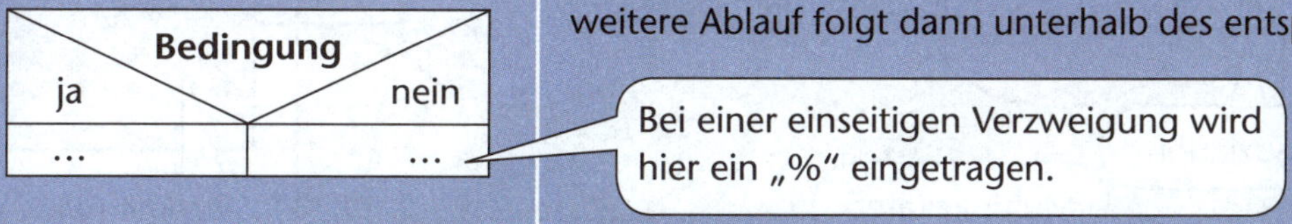 Bedingung ja nein … …	Eine Verzweigung prüft, ob die Bedingung zutrifft oder nicht. Der weitere Ablauf folgt dann unterhalb des entsprechenden Blocks.

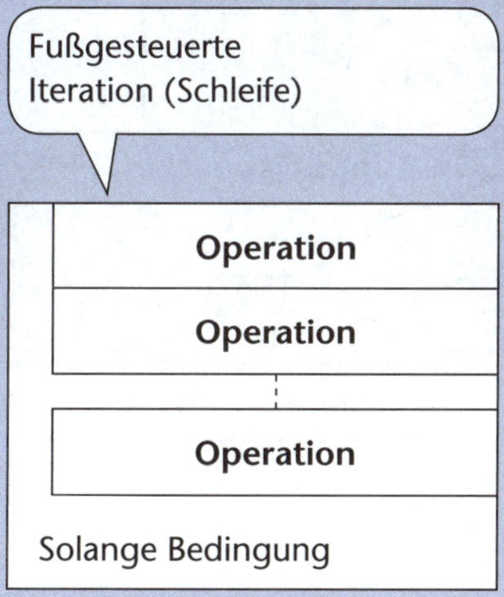

Bei einer einseitigen Verzweigung wird hier ein „%" eingetragen.

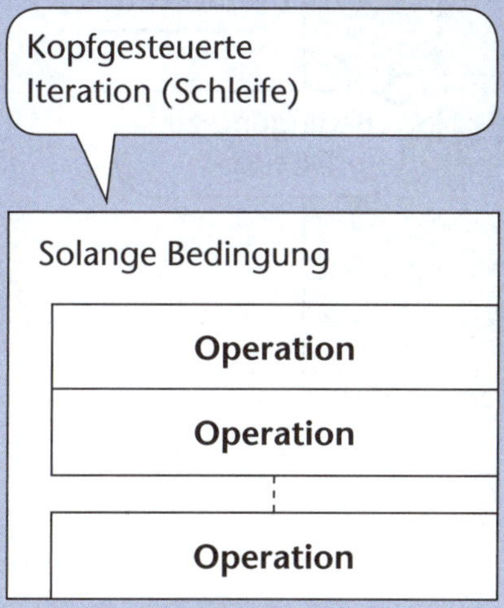

Kopfgesteuerte Iteration (Schleife)	Fußgesteuerte Iteration (Schleife)	Zählergesteuerte Iteration (Schleife)
Solange Bedingung Operation Operation … Operation	Operation Operation … Operation Solange Bedingung	Für Startwert bis Endwert tue Operation Operation … Operation

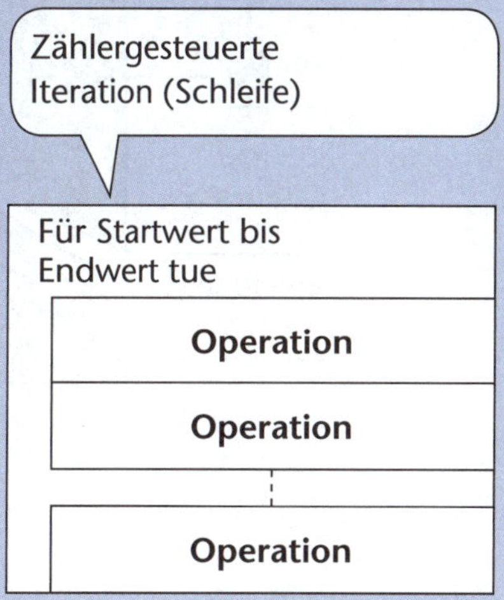

Symbole UML-Klassendiagramm

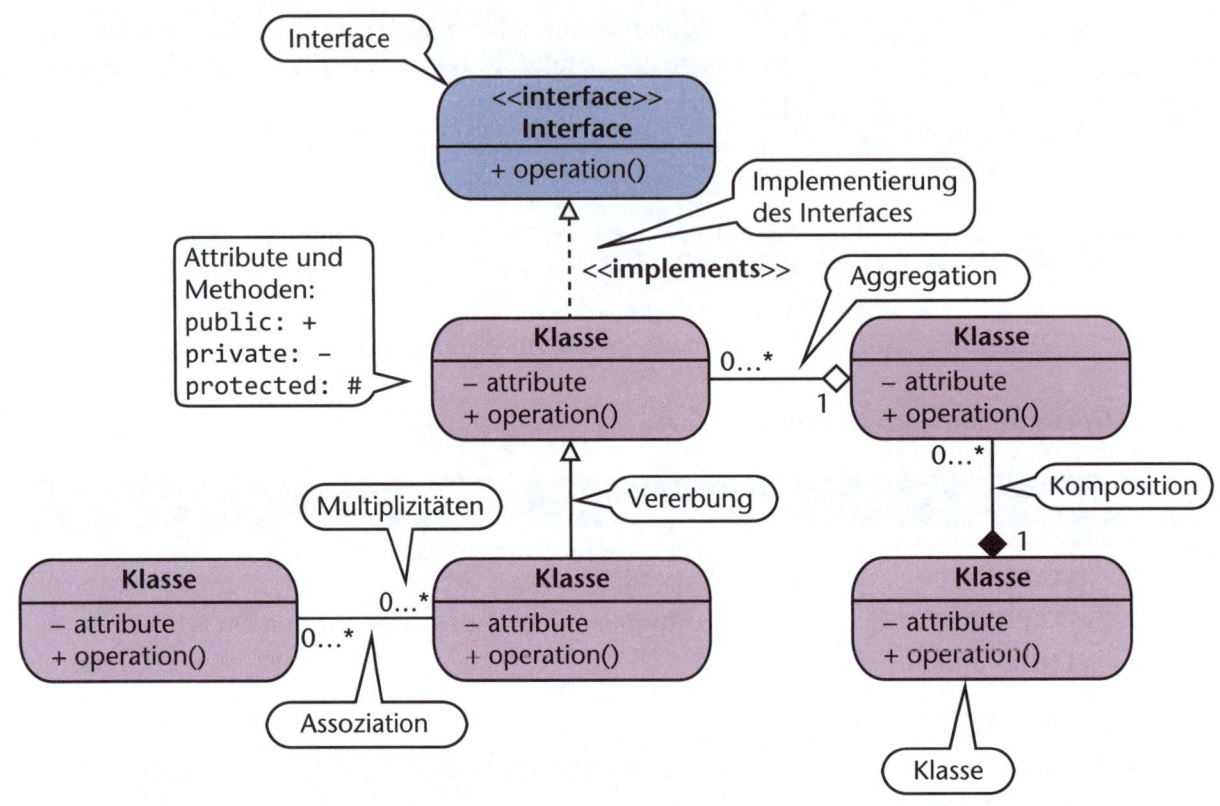

Symbole UML-Anwendungsfalldiagramm

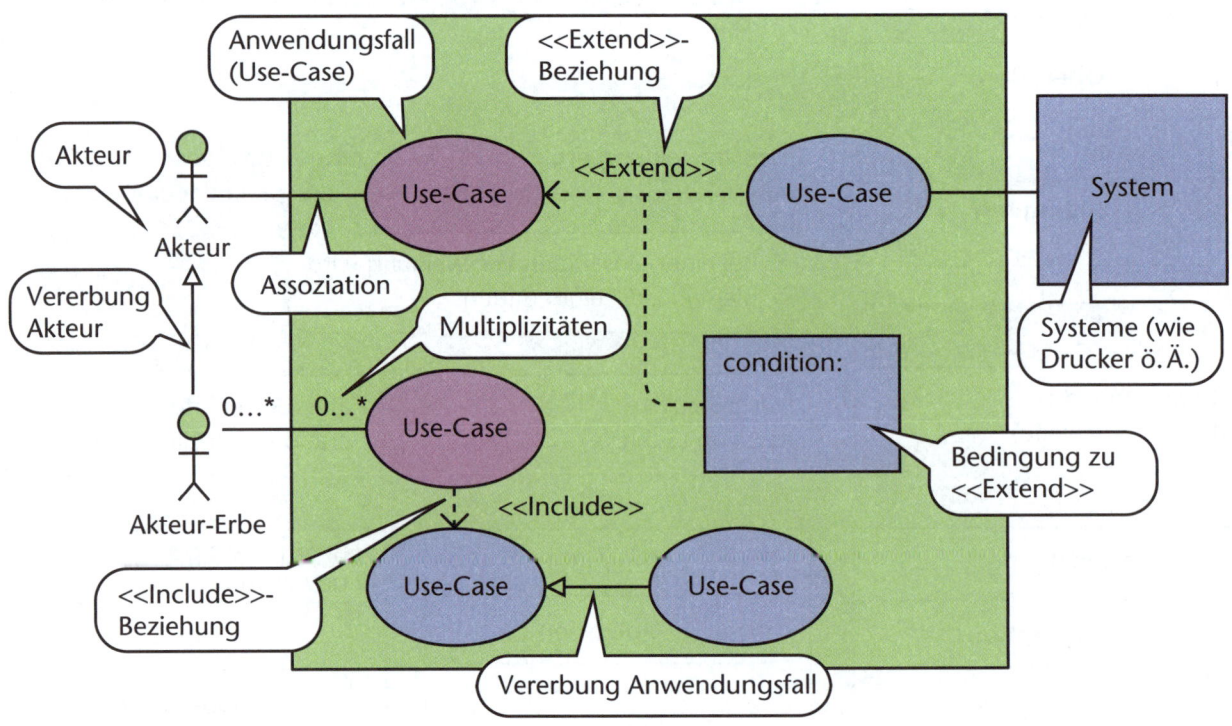

Symbole UML-Aktivitätsdiagramm

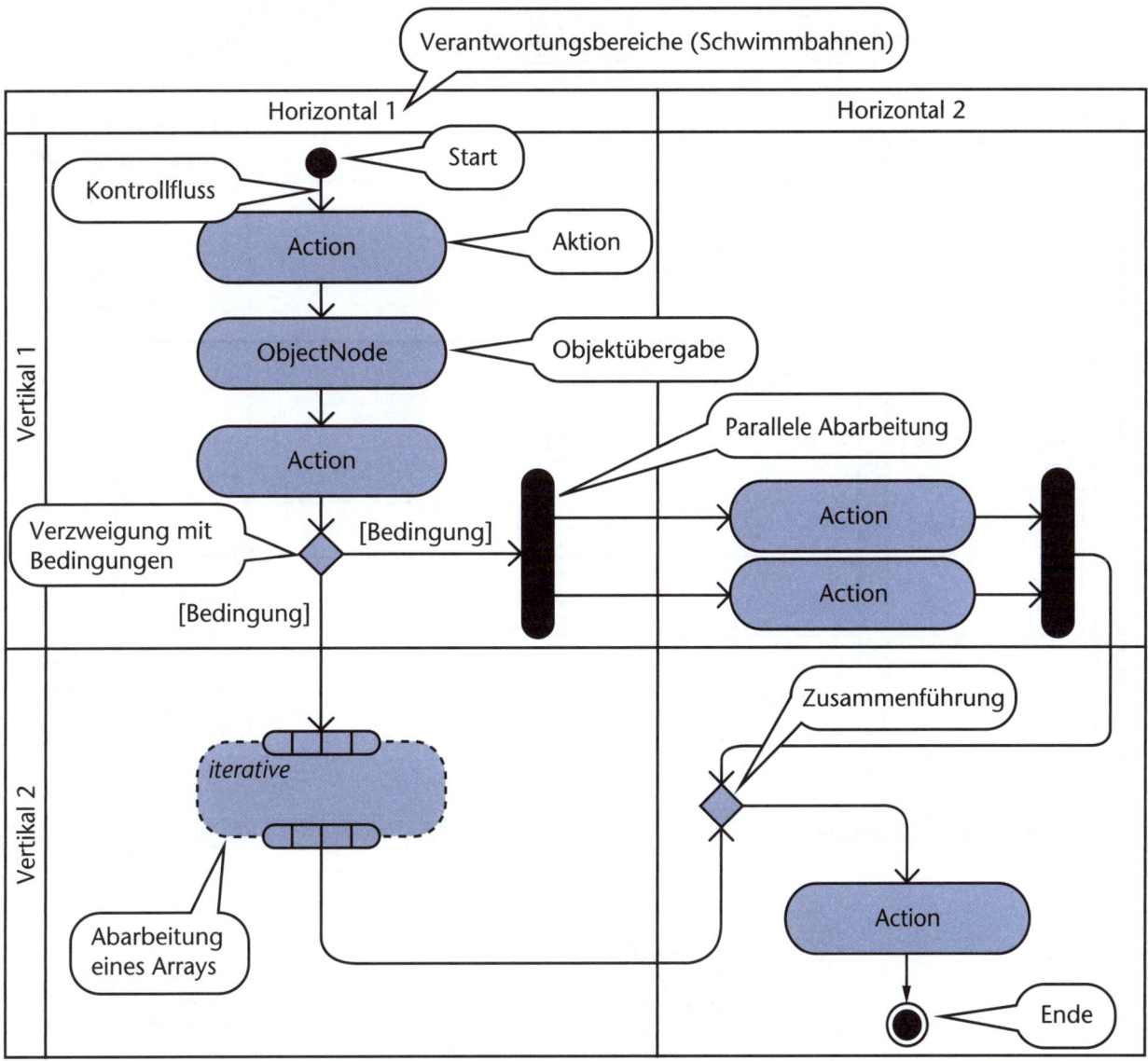

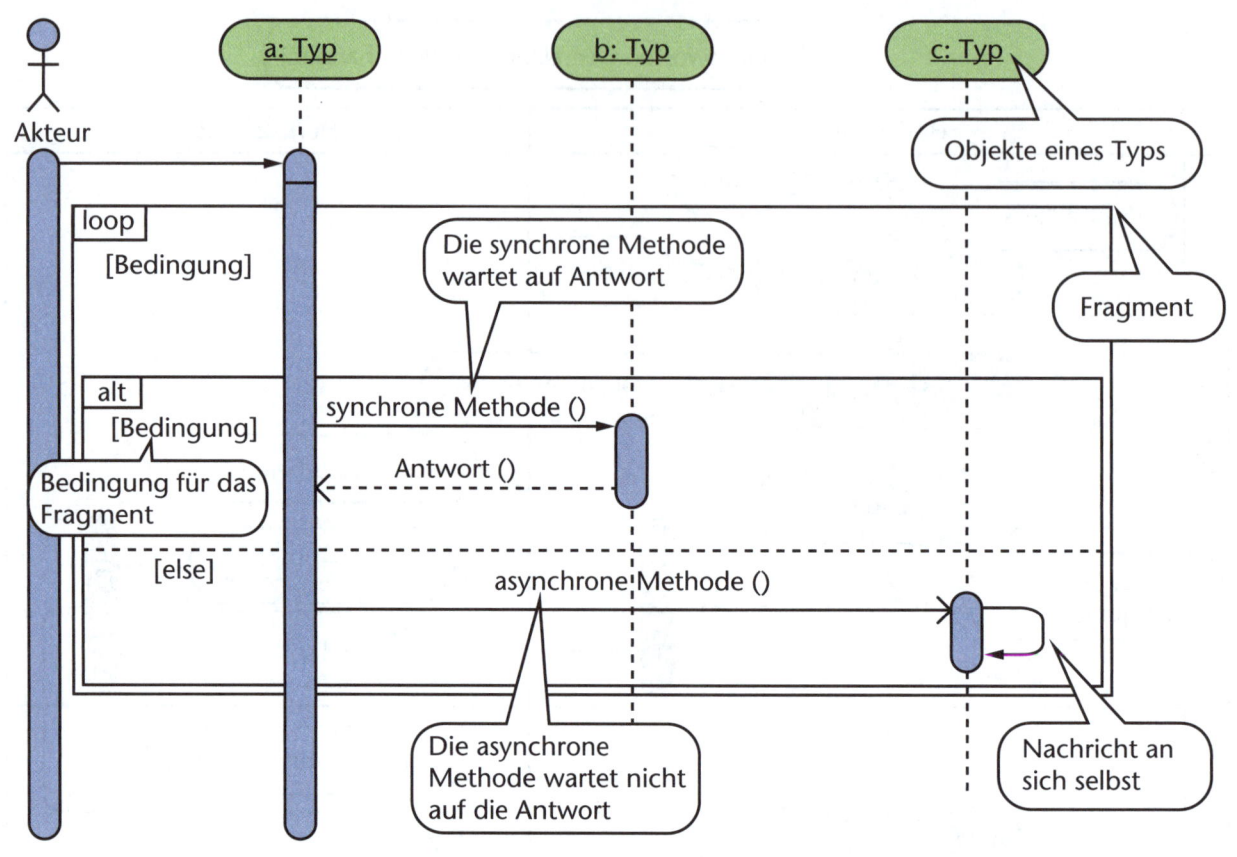

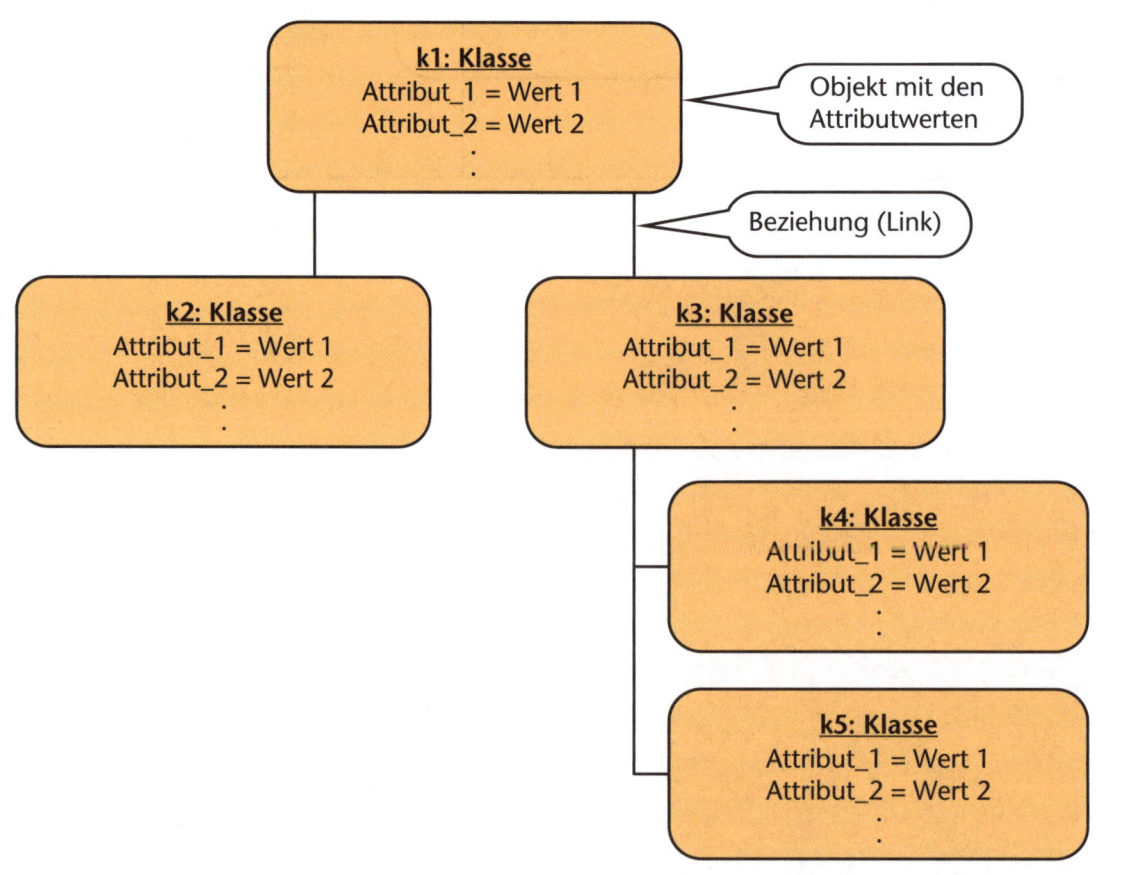

Symbole UML-Paketdiagramm

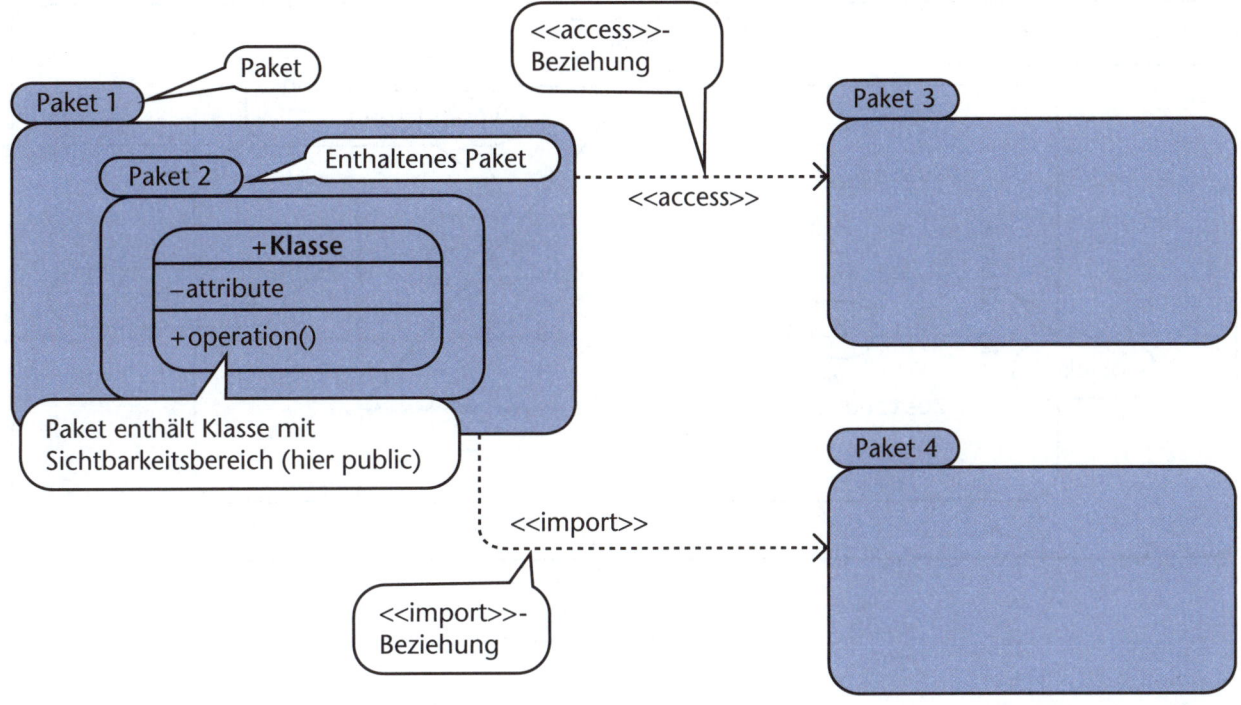

Symbole UML-Zustandsdiagramm

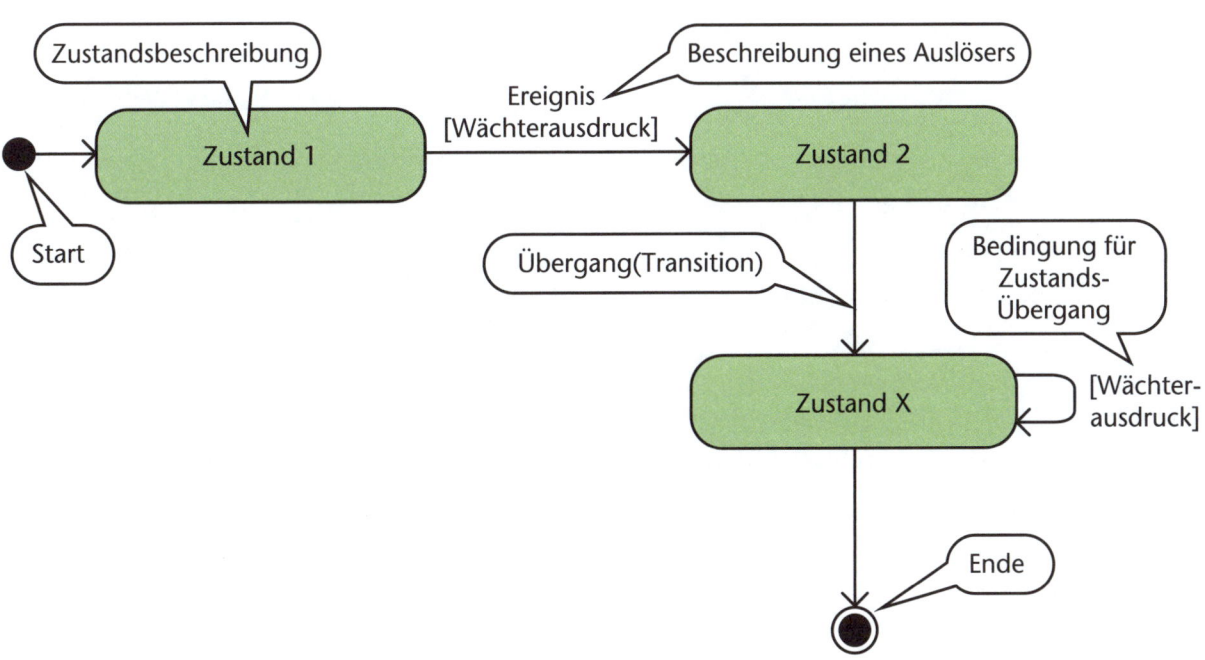

Symbole Zeitverlaufsdiagramm

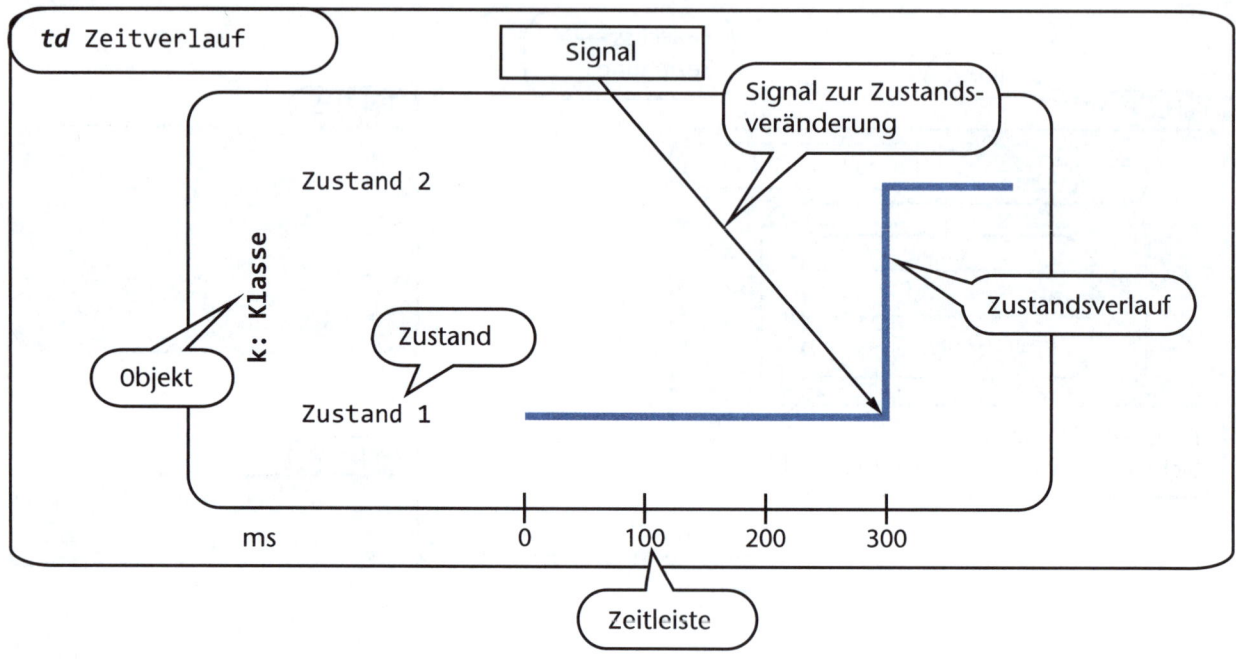